탁월한 왕따되기

탁월한 왕따되기

초판 1쇄 찍은 날 · 2013년 6월 5일 | **초판 1쇄 펴낸 날** · 2013년 6월 10일
지은이 · 박호근 | **펴낸이** · 김승태
등록번호 · 제2-1349호(1992. 3. 31) | **펴낸 곳** · 예영커뮤니케이션
주소 · (136-825) 서울시 성북구 성북1동 179-56 | **홈페이지** www.jeyoung.com
출판사업부 · T. (02)766-8931 F. (02)766-8934 e-mail : jeyoung@chol.com
출판유통사업부 · T. (02)766-7912 F. (02)766-8934 e-mail : jeyoung@chol.com

Copyright ⓒ 2013, 박호근
ISBN 978-89-8350-842-3 (03230)

값 10,000원

이 도서의 국립중앙도서관 출판시도서목록(CIP)은 서지정보유통지원시스템 홈페이지(http://seoji.nl.go.kr)와 국가자료공동목록시스템(http://www.nl.go.kr/kolisnet)에서 이용하실 수 있습니다.(CIP제어번호 : CIP2013007429).

탁월한 왕따 되기

왕되신 예수를 따르는 사람

박호근 지음

예영커뮤니케이션

목차

1부 내 모습 제대로 알기

2부 이원론의 마취에서 깨어나 세상을 알자!

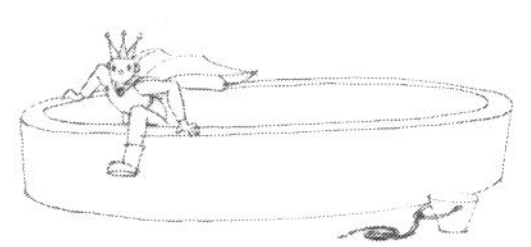

『탁월한 왕따되기』가 출간된 지 오랜 시간이 흘렀다. 그러나 여전히 크리스천들이 이 책을 통해 도전받고 세상 속에서 탁월한 왕따로 살아가기를 바라는 마음으로 이 책을 다시 내게 되었다.

나는 세상과 사람에 관심이 많다. 얼핏 들으면 세속적인 목사라 오해할 수 있겠지만, 세상에 관심이 많다고 해서 꼭 세속적인 목사는 아니다. 하나님의 관심이 세상에 있기 때문에 세상을 변화시키고 싶은 관심이 크다는 말이다. 이런 의미에서 교회에만 머물고 싶어 하는 크리스천들을 탁월하게 훈련시켜 세상으로 나아가도록 도전하고, 일터 현장에서 영향력 있는 크리스천들을 만들어 내는 것이 나의 사명이다.

이 책의 제목을 탁월한 왕따로 정한 것은 하나님의 섭리였다. 어느 날 새벽에 사회 문제인 왕따를 놓고 하나님께 기도한 적이 있었다. "주님, 도대체 왕따가 왜 생깁니까? 그리고 이 왕따 문화에 대한 대안은 무엇입니까?" 그때 나의 마음속에서 떠오르는 두 단어가 있었다. 그것은 '탁월함'과 '왕'이었다. 두 단어의 절묘한 결합은 나에게 새롭고 신선한 도전을 주었다. 그 의미는 주님은 탁월한 분이시기에 왕되신 주님을 따르는 우리도 탁월해야 한다는 것이었다. 즉 세상에서 탁월하게 왕되신 주님을 좇는, '왕'을 '따'르는 사람이야말로 '탁월한 왕따'라는 것이다. 주님은 우리가 세상에서 탁월하게 살면서 신선한 영향력을 끼치기를 원하신다. 나는 이런 의미에서 크리스천들이 세상 속에서 주님이 원하시는 탁월한 왕따로 살아가도록 그들을 돕는 사역자가 되고자 한다.

우리 주님의 관심은 세상이다. 그분은 특히 삶의 현장인 일터에서 우리 크리스천이 얼마나 주님을 따르면서 살고 있는지를 보고 계신다. 당신은 교회 내에서는 똑똑하고 믿음 좋은 사람이 세상에서는 전혀 영향력과 탁월성을 발휘하지 못하고 사는 것을 본 적이 있는가? 성경에 등장하는 탁월한 사람들은 세상 속에서 그들의 능력을 인정받았다. 애굽에서 총리가 된 요셉과 바벨론에서 총리가 된 다니엘, 페르시아의 고관이 된 느헤미야 등은 세상, 그것도 이방 나라에서 탁월한 실력으로 인정받았던 사람들이었다.

성경은 그리스도인을 지칭할 때 "이런 사람은 세상이 감당하지 못하느니라"고 말한다(히 11:38). 우리 믿음의 선배들은 세상의 어떤 어려움 속에서도 믿음이 흔들리거나 기죽지 않았고 세상을 변화시키는 주체가 되었다.

목사로서 언제나 안타깝게 느끼는 것은 교회 안에서 만나는 교인들과 일터 현장에서 만나는 교인들의 삶이 이중적인 경우가 많다는 점이다. 왜 이런 현상이 나타나는 것일까? 그 이유는 교회가 세상에서 더 많은 시간을 보내는 크리스천들에게 일터 속에서 어떻게 살아야 할지를 구체적으로 가르쳐 주지 않았기 때문이다.

성경은 이중적인 삶을 사는 그리스도인에게 이렇게 말한다. "내 형제들아 만일 사람이 믿음이 있노라 하고 행함이 없으면 무슨 유익이 있으리요 그 믿음이 능히 자기를 구원하겠느냐"(약 2:14).

참으로 현대를 살아가는 우리에게 도전을 주는 말씀이다. 제이콥슨(Steve Jacobsen) 목사는 『가슴에는 하나님을, 양손에는 일을』(*Heart to God, Hands to Work*)이란 책에서 "지금까지 교회가 영적 세상에 대해서만 강조했지 교인들이 살고 있는 실제적 세상에 대해서는 함구하고 있음을 깨달았다"고 말했다. 또한 19세기 복음주의 개혁자였던 샤프츠베리(Shaftebury) 백작은 "영적인 원칙과 윤리적 원칙을 가르치지 않는 교육은 약삭빠른 마귀들만을 배출할 뿐이다"고 말했다.

나는 이들의 견해에 전적으로 동감한다. 이제 교회는 크리스천들이 일터 현장에서 어떻게 복음으로 살아갈 것인가에 대해 영적인 원리와 윤리적 원칙을 가르쳐 주어야 한다. 예수님은 세상에서 일하셨고, 제자들 또한 세상 속에서 능력 있게 사역했다. 성경은 우리의 정체성(Identity)을 "그러나 너희는 택하신 족속이요 왕 같은 제사장들이요 거룩한 나라요 그의 소유가 된 백성이니 이는 너희를 어두운 데서 불러 내어 그의 기이한 빛에 들어가게 하신 이의 아름다운 덕을 선포하게 하려 하심이라"(벧전 2:9)고 말하고 있음을 반드시 기억해야 한다.

이제 크리스천들이 세상에서도 인정받고 탁월하게 왕(주님)을 따르는 '탁월한 왕따'가 되어야 할 때이다. 이것이 교회와 그리스도인의 사명이며, 주님이 우리에게 요구하시는 것이다. 이런 의도에서 진정 잃어버렸던 예수님의 관심인 탁월하게 세상을 변화시킬, 왕을 따르는 자가 되기를 제안한다.

2013.3.21.
박호근

1부

내 모습 제대로 알기

공식을 무시한 답

환자가 어딘가 아파서 병원에 갔는데 자신의 병명을 모를 때처럼 답답하고 고통스러울 때가 없다. 하지만 자신의 병명을 분명히 알 수만 있다면 치료는 쉬워진다. 이와 같이 우리의 상태를 제대로 진단하고 그 해결 방법을 찾는 일은 중요하다. 이제 우리의 모습을 진단해 보자.

언젠가 한 경제잡지에서 재미있는 글을 읽은 적이 있다. 그 내용은 미국 경제가 과연 호황이라고 말하는데 정말 그런지, 혹시 내면은 그렇지 않은데 겉모습만 보고 사람들이 경제가 좋아졌다고 하는 것은 아닌지, 정신병원에 입원한 환자와 의사의 대화를 통해 미국 경제를 풍자하는 내용이었다.

어느 정신병원에서 두 환자가 퇴원하기 위해 의사에게 마지막 진단을
받았다. 의사는 환자에게 물었다. "2 + 3은 몇입니까?" 첫 번째 환자가 대
답했다. "'가을'입니다." 역시 이 환자는 치료가 더 필요하다고 생각하고
의사는 이 환자에게 퇴원 부적합 판정을 내렸다. 다음 환자에게도 같은 질
문을 했다. "2 + 3은 몇입니까?" 그 환자는 "'5'입니다"라고 대답했다. 의사
는 생각하기를 이 환자는 이제 퇴원해도 될 만큼 정상이라고 생각했다. 그
러나 다시 한 번 확인하는 의미에서 물었다. "그런데 왜 답이 5라고 생각
하십니까?" 환자는 대답했다. "2 + 가을 = 5 아닙니까?"

이 환자는 공식도 모른 채 답만 맞춘 것이다. 이러한 예는 두 환자 모
두가 퇴원하지 못했다는 뼈 있는 유머다. 답은 맞지만 공식은 전혀 엉터리
인 경우를 말해 주는 것이다.

혹시 우리는 그저 교회에 다니고 있기 때문에 '크리스천'이라고 말하고
있는 것은 아닌지 모르겠다. 나는 등록 교인이 모두 크리스천이라고 생각
하지 않는다. 교회에만 등록했다고 다 구원받는 것은 아니기 때문이다.

언젠가 버스 운전석 바로 뒷자리에 앉게 되었다. 평상시에는 버스에 타
는 사람들을 무심코 보았는데 그날은 자세히 살펴보니 몇몇은 현금으로
요금을 지불하기도 했지만, 대부분은 운전석 옆에 있는 기계에 카드를 찍
었다. 그랬더니 '삐' 하는 소리와 함께 카드 잔액이 표시되었다. 사람마다
각각 카드 잔액이 달랐다. 잔액이 많이 남은 사람, 적게 남은 사람, 다 써서

현금으로 내고 타는 사람 등 다양했다.

그때 문득 이런 생각이 머리를 스쳐 지나갔다. 만약 이런 기계를 교회 문 앞에 두어 사람들이 지나갈 때마다 자신의 믿음을 숫자로 직접 볼 수 있다면 얼마나 재미있을까?

이제 교회는 성도들이 구원받은 크리스천으로 세상 속에서 어떻게 주님을 탁월하게 따를 수 있을지 성경적 원리와 원칙을 분명하게 제시해야만 한다. 또한 성도들이 그런 삶을 살도록 그들을 양육해야 한다.

세상에서도 원리 원칙은 꾸준히 강조되어 왔다. 접착력이 약해 실패한 접착제를 이용하여 탈부착형 메모지 '포스트 잇'을 만들어 낸 에피소드로 유명한 3M은 원칙과 윤리 기준이 엄격하기로 잘 알려져 있다. 3M은 세계 200여 개국에 진출, 64개 자회사를 두고 어디에서건 까다로운 미국 내 윤리기준을 엄격히 적용한다. 케네디 이사는 "절대 타협은 없습니다. 현지 상황이 뒷받침되지 않으면 차라리 사업을 포기하죠"라고 분명하게 말한다. 이 회사는 원칙에 입각해서 모든 일을 처리한다.

댐을 건설할 때도 적절한 자연법칙을 계산에 넣지 않았다면 재앙이 뒤따를 것은 말할 것도 없다. 원칙과 공식을 무시해서는 안 된다. '결과만 좋다면' 무엇이나 상관없다는 식의 사고방식은 분명 큰 문제를 가져올 것이다.

예수님은 제자들에게 말씀하셨다. "그 날에 많은 사람이 나더러 이르되 주여 주여 우리가 주의 이름으로 선지자 노릇 하며 주의 이름으로 귀신을 쫓아 내며 주의 이름으로 많은 권능을 행하지 아니하였나이까 하리니 그 때에 내가 그들에게 밝히 말하되 내가 너희를 도무지 알지 못하니 불법을 행하는 자들아 내게서 떠나가라 하리라"(마 7:22-23).

선지자 노릇을 한 것도, 귀신을 쫓아낸 것도, 많은 권능을 행한 것도 만약 그것이 불법이라면 분명 하나님은 기뻐하지 않으실 것이다. 한마디로 이들은 말씀을 듣기만 하고 실생활에서는 세상의 방식대로 판단하고 행동하는 사람들이다.

실제로 직장 사역을 통해 만나는 크리스천들은 일상적 행동과 말에서는 예수를 믿지만, 그들이 맡고 있는 사업이나 업무를 처리함에 있어서는 세상의 관행을 따르고 그저 주일만 잘 지키는 삶을 사는 것처럼 보였다. 결과만을 중시하는 우리 사회와 교회에 다시 한 번 성경의 원리를 적용해야 할 때이다. 답만 맞는다고 되는 것이 아니다. 공식도 맞아야 한다.

바퀴벌레가 주는 교훈

한 마리를 발견하면 보이지 않는 곳에 수십 마리에서 수백 마리가 살고 있다는 바퀴벌레! 잘 보이지 않지만 개미의 경우도 한 마리만 발견해도 그 집에 4천 마리가 모여 산다니 놀라지 않을 수 없다. 어찌 바퀴벌레와 인간의 모습을 비교할 수 있겠는가? 그러나 교회에서 그렇게 넘쳐나고 보기 흔한 크리스천들을 세상 속에서 만나려고 하면 찾기 어려우니 도대체 그들은 어디에 숨어 사는지 알 수가 없다. 바퀴벌레와 개미처럼 꼭꼭 숨어 사는 것인가?

우리 주님은 "이같이 너희 빛이 사람 앞에 비치게 하여 그들로 너희 착한 행실을 보고 하늘에 계신 너희 아버지께 영광을 돌리게 하라"고 마태복음 5장 16절에서 말씀하고 계신다. 본래 어둠을 좋아하거나 어두운 곳을 찾아다니는 사람의 심리는 어딘가 문제가 있다. 성경은 우리를 빛의 자녀라고 말한다. 그러나 세상과 일터 속에서 크리스천을 찾기 힘든 이유는 무엇일까? 그것은 크리스천이라고 자신을 당당히 드러내지 않기 때문이다. 우리의 애매한 태도가 문제인 것이다.

'애매한 대답은 거짓말의 시작이다'는 말이 있다. 세상에서 크리스천들이 '왜!' 자꾸 영향력을 잃어 가고 있는가? 그 원인을 분석해 보면, 우리의 태도가 명확하지 못해서이다. 달리 표현하면, '예'와 '아니오'가 분명하지 않기 때문이다.

이런 상황에서 '실명제'가 필요하다고 나는 외친다. 일터 속에서 믿는 사람들이 떳떳하게 자신이 크리스천임을 밝히지 못하는 이유는 그들의 삶이 크리스천답지 못하기 때문이다.

한번은 직장인 예배 시간에 어떤 교회 중직자를 교회 직분으로 호칭하면서 대표 기도 부탁을 드렸는데, 예배 후 그분이 내게 이런 말씀을 하셨다. "이제 본색(?)이 드러났으니 그렇게 살 수밖에 없군요." 그 이후로 직장 안에서도 자기 직분에 합당한 삶을 사는 그분의 모습을 볼 수 있었다. 직장에서 한 번의 애매한 태도가 자신을 크리스천으로서 당당히 밝히고 살지 못하게 만든다. 지금까지 감추었더라도 용기를 내어 드러내면 그에 합당한 삶을 살 수 있다.

심리학자인 이토 아키라와 나이토 요시히트가 쓴 『이제는 절대로 심리

전에서 밀리지 않는다」라는 책을 읽은 적이 있다. 그는 어떤 손님이 백화점에서 쇼핑하고 있을 때 "한번 입어나 보시죠?"라는 종업원의 권유에 '입어 보는 것쯤이야!'라는 심정으로 옷을 입어 보면 이미 절반쯤 옷을 산 것이라고 말한다. 이것이 유명한 '풋 인더 도어 테크닉'(put in the door technique)이다. 쉽게 말하면 처음에 거절하지 않고 상대에게 응하면 '심리전'에 말려든다는 것이다.

이것이 우리 크리스천의 삶에도 그대로 적용된다. 왜! 처음부터 믿는 자로서의 분명한 태도를 취하지 못하는가? 복음을 부끄러워하기 때문이다. 사도 바울은 고백한다. "내가 복음을 부끄러워하지 아니하노니 이 복음은 모든 믿는 자에게 구원을 주시는 하나님의 능력이 됨이라 먼저는 유대인에게요 그리고 헬라인에게로다"(롬 1:16).

이제 복음에 대한 명확한 태도를 일터에서 보여 주어야 한다. 가끔 혼자 피켓을 들고 거리를 오가면서 침묵시위를 하는 사람들을 볼 수 있다. 이것이 바로 '나 홀로 시위'이다. 그런데 '과연 이 방법이 무슨 효과가 있을 것이며 변화를 바라는 목적을 달성할 수 있을까?' 하는 의문을 갖게 하지만 '나 홀로 시위'는 자신의 주장과 의지가 분명하지 않으면 할 수 없는 일이다. 한마디로 자신을 분명히 드러내는 '커밍아웃'(Coming out)인 것이다. 이런 '나 홀로 시위'처럼 분명한 주장과 의지가 크리스천들에게 필요하다.

성경의 아리마대 요셉이 그런 사람이었다. 예수님을 믿고 은밀히 따랐던 그는 예수님이 세상을 떠나신 후에 예수님의 시체를 달라고 당돌하게 빌라도에게 요구했다. 그런 행동으로 그는 자칫 사회에서 왕따를 당할 수도 있었고, 신분의 위협과 불리함을 감수해야단 했을 수도 있었다. 그럼에도 불구하고 그는 당당하게 자신의 소신을 가지고 빌라도에게 예수님의 시체를 달라고 요구했다.

나는 오늘날 이런 아리마대 요셉과 같은 사람이 그립다. 자신의 이름을 떳떳하게 드러내면서 살아가는 실명제 크리스천 직업인을 일터에서 더욱더 많이 만나보고 싶다.

So What ?!

구한말 어느 신문에서 돈으로 수령이 된 사람이 그 고을에 야소교 기독교 신자가 많아 부정한 방법으로 착취할 것이 없어 다른 고을 사람을 물색하고 있다는 기사가 실렸다는, 이만열 교수의 글을 읽은 적이 있다. 당시 기독교 신자의 삶의 일면을 엿볼 수 있는 역사적인 기록이다. 그러나 요즘에는 그 반대로 크리스천이 각종 비리와 부패의 주역이 되어 버렸다. 이전에는 '크리스천'이라고 하면 그 이름 자체가 '신용이요 정직의 상징'이었지만, 오늘날에는 그 이름값조차 하지 못하고 있다.

요즘 우리나라에는 신용불량자가 많다고 한다. 혹시 교회와 크리스천들이 이름에 걸맞지 않게 신용불량 상태는 아닌지 돌아보아야 한다. 간혹

매스컴에서 비리 사건이 터졌다고 하면 가슴이 철렁해진다. '이번에도 기독교인들은 아닌가?' 하는 걱정 때문이다. 안타깝게도 많은 사건에 크리스천이 직·간접적으로 연관되어 있다. 이런 크리스천의 행동과 삶이 더 이상 세상 사람들에게 신뢰를 주지 못하기에 세상을 변화시키는 영향력이 줄어들었다. 그래서 그리스도인들이 무슨 말이라도 하면 "그래서 어쨌다는 말인가?(So What?)"라고 시큰둥하게 반응한다.

참 부끄러운 일이지만 어느 일간지에 가짜 박사 학위를 가진 목회자가 많다는 기사가 실렸다. 그 기사를 보고 독자란에 어떤 사람이 "그런 기독교인들이 단군상 문제를 언급하는 것이라면 두려할 것이 없다"고 투고한 것을 보면서 부끄러움을 느낄 수밖에 없었다.

오늘날 이것이 그리스도인을 보는 세상 사람의 시각이다. 영향력은 권위에서 비롯된다. 프랑스에서는 레스토랑을 평가하는 《미쉐린 가이드》가 발간되었는데, 이 책자에는 음식평론가들이 주로 프랑스의 유명 식당에 직접 가서 매긴 별 1-3개의 등급이 나온다.

《미쉐린 가이드》라는 가이드북은 절대적 신뢰와 권위가 있다. 별 1개만 받아도 그 식당과 요리사는 영광이다. 이 가이드의 식당 목록에 오르는 것만으로도 상업적 성공이 보장되기 때문이다. 따라서 별 3개는 최고 식당이라는 뜻이다. 알랭 뒤카스는 지난해 별 3개를 받아 프랑스 최고 요리사로 인정받았다. 그러나 다음해에 그가 일하던 레스토랑은 별 2개로 등

급이 떨어졌다. 그래도 그는 절대 권위를 갖고 있는 이 가이드 결정에 대해 이의를 제기하지 않았다. 그 이유는 그만큼 공정하고 권위가 있기 때문이다.

나는 이런 기사를 보면서 세상을 향해 절대적인 권위와 신뢰가 있는 것이 교회이고 크리스천이어야 하는데, 언제부터인가 그 권위가 사라져 버린 것 같아 안타까운 마음이 들었다. "두렵건대 네 존영이 남에게 잃어버리게 되며 네 수한이 잔인한 자에게 빼앗기게 될까 하노라"(잠 5:9).

오늘날 세상은 그리스도인들이 말할 때 'So What?'이라고 말하고 있지 않은가? 그렇다면 이런 사태의 모든 책임을 한 사람이나 단 몇 사람의 크리스천 때문이라고 치부할 수 있을까?

시인 구상의 작품에 자수(自首)라는 시가 있다.

"그 어린애를 치어 죽인 운전수도 바로 저구요,

그 여인을 교살한 하수인도 바로 저구요,

그 은행강도 주범은 바로 저구요,

실은 지금까지 미궁에 빠진 사건이란 사건의 모든 정범(편집자 주: 범죄의 실행 행위를 한 자)이야말로 바로 저 올시다.

범행 동기요?

글쎄? 가난과 무지와 역사의 악순환, 아니 저의 안에 흐르는 가인의 피가 저런 죄를 저질렀다고나 할까요?

최후의 할 말이 없냐구요?

솔직히 말하면 죽는 이 순간에 저는 최소한 사천만이 공범이라는 이 느낌을 버리지 못해 안타까운 것입니다."

특히 우리 크리스천이 깊이 공감해야 할 시이다. 삼일독립만세 사건 당시 우리나라의 인구는 2천만 명이었고, 그중 크리스천은 1.2%인 약 25만 명뿐이었다. 그러나 당시 민족 대표 33명 중 15명이 크리스천이었을 정도로 기독교의 영향력은 매우 컸다. 크리스천 홍수의 시대에 사는 우리는 과연 얼마나 영향력을 행사하고 있는가?

이제 우리는 신뢰와 정직을 회복해야 한다. 그래서 세상에 영향력을 강력히 발휘해야 할 때이다.

왜! 투명함이 경쟁력인가?

미국에서 첨단 기업을 운영하는 사람들의 갑부 순위를 보면 1위는 빌 게이츠(마이크로소프트 창업자), 2위는 워런 버핏(버크셔해서웨이 회장), 3위는 래리 엘리슨(오라클 회장)이다.

미국에서는 부자들의 순위를 쉽게 알 수 있다. 그것은 부자들이 한 해 동안 얼마나 많은 돈을 벌었는지 분명하게 수치상으로 보여 주는 투명성이 있기 때문이다. 미국 사람들이 부자를 존경하는 이유를 여기서 발견할 수 있다. 더불어 부자들의 투명성과 정직성까지 존경하는 것이다.

직장인의 월급봉투를 유리 지갑이라고 한다. 그 이유는 수입이 너무 분명하게 드러나기 때문에 세금을 덜 내거나 숨길 수 없기 때문이다. 반면 수입을 많이 올리고 있는 고소득 자영업자의 경우, 그 수입액과 수입원을 정확하게 파악하기가 쉽지 않다. 그래서 매스컴을 통해 어느 경우는 일반 봉급 생활자보다 변호사나 의사가 세금을 더 적게 내는 경우를 보게 된다. 그 이유는 수입액이 투명하지 않기 때문이다. 그래서 사람들의 심리가 투명함을 선호하고 있는 것이다.

과연 그리스도인의 삶은 얼마나 투명한가? 혹시 우리는 검증에 약한 그리스도인은 아닌가? 명망 있고 아무런 흠도 없는 사람이 공적인 검증만 거치면 힘없이 나자빠지는 것을 보면서 바벨른의 정치인이면서도 탁월했던 다니엘이 생각났다.

"다니엘은 마음이 민첩하여 총리들과 고관들 위에 뛰어나므로 왕이 그를 세워 전국을 다스리게 하고자 한지라 이에 총리들과 고관들이 국사에 대하여 다니엘을 고발할 근거를 찾고자 하였으나 아무 근거, 아무 허물도 찾지 못하였으니 이는 그가 충성되어 아무 그릇됨도 없고 아무 허물도 없음이었더라"(단 6:3-4).

결국 다니엘은 바벨론에서 이방인으로 총리가 되어 멸시받을 수 있는 환경에서도 공적 검증을 받을 때 아무런 흠 없이 통과했다. 세상의 검증이란 쉽지 않은 과정이지만 세상을 향해 나아가야 할 그리스도인들에게는 꼭 필요한 절차이다.

성경은 우리에게 도전을 준다. "너희가 이방인 중에서 행실을 선하게 가져 너희를 악행한다고 비방하는 자들로 하여금 너희 선한 일을 보고 오시는 날에 하나님께 영광을 돌리게 하려 함이라"(벧전 2:12).

이 말씀을 통해 세상은 비판과 의심의 눈으로 크리스천들을 바라볼 수 있다는 사실을 말해 준다. 그러나 크리스천들은 우리의 선한 행실을 통해 하나님께 영광을 돌릴 수 있다. 예수님도 우리를 소금과 빛이라고 말씀하시면서 착한 행실을 통해 세상 사람들에게 크리스천의 정체성을 드러내라고 하시지 않았는가?(마 5:16).

나라마다 사람들의 구매 기준이 다르다고 한다. 미국 사람들은 물건을 살 때 '이것이 가장 비싼 물건입니까?'라고 묻는다. 이태리 사람들은 '이것이 가장 최신입니까?'라고 묻는다. 독일 사람들은 '이것이 가장 튼튼합니까?'라고 묻는다. 그렇다면 한국 사람들은 물건을 살 때 무엇을 물어보는가? 한국 사람들은 '이것이 진짜입니까?'라고 묻는다고 한다. 우리는 그동안 가짜에 수없이 속아 왔기 때문에 진위 여부를 먼저 묻는다는 것이다.

오늘날 진짜와 가짜를 구분할 수 없다는 것이 바로 비극이다. 그렇다면 우리는 스스로에게 물어보아야 한다. 나는 진짜 크리스천인가? 우리가 기억해야 할 것은 자신이 진짜 크리스천인지를 판별하는 방법은 세상 속에서의 검증을 통해서라는 점이다.

한번은 일터에서 전도에 열심인 형제를 만나서 이야기를 나눈 적이 있다. 그 형제는 자신이 전도할 대상을 정하고 며칠 동안 기도한 후 사영리를 내밀며 전도를 시작하는데 상대방이 자신도 크리스천이며 제자훈련도 받았다고 말했다고 한다. 그 형제는 평상시에 그가 전혀 예수 믿는 표를 내지 않았기에 예수를 모르는 사람인 줄 알았던 것이다. 그 형제는 그때 얼마나 실망스럽고 허탈했는지 모른다고 말했다. 진짜 크리스천이라면 세상 속에서 자연스럽게 자신의 정체성을 드러내야 한다.

국가에서도 국가를 섬길 사람을 검증하는 데 신중하다. 특히 미국의 인사청문회는 '송곳 검증'으로 이름이 나 있다. 미국 상원의 각료 인준 청문회(Cabinet Confirmation Hearings)는 600여 명의 각료들로 구성되어 있는데 철저한 검증과정을 거친다. 인준 소요 시간은 2차 대전 후 평균 9주에서 22주 이상 소요된 경우도 있다고 한다. 그렇게 철저한 검증을 거친 사람들이기에 미국 국민들은 그들을 신뢰하는 것이다.

이제 우리는 교회에서만 인정받는 그리스도인이 아니라 세상 속에서 검증받고 인정받는 그리스도인이 되어야 한다. 세상 속에서 투명하게 우리를 드러내어 크리스천으로 분명하게 인정받을 수 있어야 한다.

'따로국밥' 같은 신앙

"틀림없이 불행해질 수 있는 조건은 반쪽짜리 그리스도인이 되는 것이다"라고 트루먼트는 말했다. 우리가 교회와 세상에서 이중성을 가지고 살 때 불행해질 수밖에 없다는 말이다.

'립싱크'란 가수들이 무대에서 직접 노래를 부르지 않고 미리 녹음한 노래를 틀어놓는 것을 말하는데, 어느 설문기관에서 '립싱크는 속임수인가?'라고 묻는 질문에 응답자의 84.3%가 '그렇다'고 대답했다고 한다. 대중은 가수들이 진짜 실력으로 부르는 라이브가 아닌 '흉내'에 불과한 립싱크를 속임수라고 보는 것이다. 직장생활을 하는 크리스천 중에도 믿는 흉내만 내면서 립싱크 가수처럼 속임수로 사는 사람들이 많다.

탁월한 왕따되기

한번은 밥을 먹기 위해 식당에 갔는데 메뉴 중 '따로국밥'이 있었다. 메뉴 이름이 흥미로워서 주인에게 물었다. "따로국밥이 뭡니까?" 그러자 주인은 간단하게 이렇게 대답했다. "국에 밥을 넣어 나오는 것이 아니라 밥과 국이 따로 나오는 거예요."

오늘날 많은 크리스천의 삶이 교회에서의 믿음따로, 직장에서의 믿음따로 즉, '따로국밥의 신앙'임을 쉽게 발견할 수 있다. 바꾸어 말하면, '이중적인 삶'을 살고 있다. 색깔로 표현하자면 회색 신앙인데 바로 이러한 믿음의 이중성이 세상 속에서 주님을 탁월하게 좇지 못하게 한다.

짐 왈리스(Jim Wallis)는 "그리스도인들의 삶의 방식을 보면, 하늘나라가 가까이 왔다고 주장하지만 이를 뒷받침해 줄 삶의 변화는 찾아볼 수 없다"고 말한다. 만일 하늘나라가 가까이 왔다면, 왜 그렇게 살지 않는가?

찰스 알렌(Charles Allen) 박사가 미국 기독교인들의 신앙생활을 조사한 결과에 따르면, 교인 100%가 모두 천국에 가기를 희망하고 있음에도 불구하고 20%는 주일 예배에 참석하고 있지 않으며, 25%는 기도를 해 본 적이 없고, 35%는 가정에서 성경을 읽어 본 적이 거의 없다고 한다.

사도 바울은 "나는 날마다 죽노라"고 고린도전서 15장 31절에서 고백한다. 이제 우리가 세상을 변화시킬 수 있는, 영향력 있는 존재가 되기 위해서는 따로국밥의 신앙이 아니라 우리의 삶의 원리 속에 성경의 원리를 적용해야 한다.

'크리스천 사업가'는 무엇을 의미하는가? 혹시 교회에 다니면서 사업하는 사람을 '크리스천 사업가'라고 생각한다면 그것은 오해다. 만약 사업하는데 그 사업의 원리 속에 성경적 원리를 적용하지 않고 세상적인 방법으로 장사한다면 그것은 교회에 다니면서 사업하는 사람이지 '크리스천 사업가'는 아니다. 진정한 의미의 '크리스천 사업가'는 사업의 원리 안에 예수 그리스도의 원리를 적용해서 사업하는 사람이다.

'크리스천 직장인'도 직장생활의 원리 안에 그리스도의 말씀을 적용하는 사람이다. 그러나 세상적 방법으로 직장생활을 한다면 그 사람은 그저 교회에 다니는 직장인이지 크리스천 직장인은 아니다.

'미션 스쿨'의 의미 또한 믿는 사람들이 모여 학교를 세우기만 하고 세상적인 방법으로 학교를 운영하는 것이 아니다. 학교를 운영하는 원리와 교육철학에 그리스도의 원리를 적용해야 참다운 미션 스쿨이 될 수 있다.

내가 왜 이렇게 반복해서 설명하는가? 그것은 많은 교인이 교회에는 출석하지만 일터 현장에서는 전혀 크리스천답게 사업하거나 일하지 않기 때문이다. 예수님도 말씀하셨다. "그 날에 많은 사람이 나더러 이르되 주여 주여 우리가 주의 이름으로 선지자 노릇 하며 주의 이름으로 귀신을 쫓아내며 주의 이름으로 많은 권능을 행하지 아니하였나이까 하리니 그 때에 내가 그들에게 밝히 말하되 내가 너희를 도무지 알지 못하니 불법을 행하는 자들아 내게서 떠나가라 하리라"(마 7:22-23).

예수님은 불법을 행하는 제자들을 책망하셨다. 그렇다면 불법이란 무엇인가? 그것은 하나님이 원하지 않는 방법대로 행하는 것을 말한다. 아무리 결과가 좋다 하더라도 하나님은 우리가 일하는 동기와 방법을 보고 판단하신다.

셰익스피어는 '백합꽃이 썩으면 오히려 잡초 썩는 것보다도 고약한 냄새를 풍긴다'는 명언을 남겼다.

'헨리쿠스 단타로'라는 기독교인이 있었다. 그는 십자군 4차 원정 때 군의 총지휘를 맡았던 장군이다. 그는 기독교인이었지만 그의 군대는 이름만 십자군이었지 전혀 하나님의 뜻을 실천하지 못했다. 그가 터키를 정복할 때 얼마나 잔인하고 포악하게 행했던지 십자군 원정 이후 터키는 더 이상 사도들의 복음을 전했던 현장이 아니었다. 그곳에서는 더 이상 기독교인들을 찾아보기 힘들었고, 거의 모든 터키인이 무슬림으로 개종했다. 그 이유는 헨리쿠스 단타로 장군이 십자군의 이름으로 잔인한 악행을 많이 저질렀기 때문이다.

이제 결단하자. '밥'따로, '국'따로인 이중적인 신앙을 버리고 우리 안에 계신 그리스도를 밖으로 나타내서 세상을 변화시키는 진정한 크리스천으로 거듭 태어나자!

중독은 사단의 신무기

사이버 경마와 카지노, 채팅 중독, 이혼이 늘어나고 있다. 특히 중독(中毒)에 이르는 과정을 보면 탐닉, 몰두, 집착의 단계를 거친다. 사단은 잘못된 사고와 세계관을 통해 영혼의 내부 부식(?)을 노린다. 또한 우리로 하여금 하나님과 멀어지게 하는 방법으로 하나님 외에 다른 것을 찾게 한다. 하나님은 출애굽기 20장 3-4절에서 "너는 나 외에는 다른 신들을 네게 두지 말라 너를 위하여 새긴 우상을 만들지 말고 …"라고 말씀하셨다. 이것은 우상뿐만 아니라 거짓 위로와 교제 가운데 빠지지 말 것을 경고하신 것이다. 사단은 우리를 하나님 외에 다른 것에 몰두하게 만들고 집중하게 함으로써 하나님과의 친밀한 관계를 파괴시키고 하나님께로부터 멀어지게 한다. 이런 사단의 계략을 통해

탁월한 왕따되기

무너지는 크리스천을 심심찮게 볼 수 있다.

직장인 오 모씨는 가끔 자신의 주식 중독증에 대해 자각 중세를 느낀다고 한다. 그는 집에서 쉴 때는 가슴이 답답하고, 금요일 밤에는 다우존스, 나스닥 시황을 확인하지 않으면 잠을 잘 이룰 수 없다고 말한다. 여기에서 중요한 것은 이처럼 인생을 망가뜨리는 중독증의 배후에 사단이 있다는 점이다.

마치 에이즈가 사망에 이르게 하는 심각한 전염성과 독성이 있는 것처럼 중독증은 그것이 주식이든 인터넷이든 알코올이든 심지어는 쇼핑과 같은 일상적인 일이든 그것에 탐닉하고 집착하게 해서 헤어 나오지 못하게 올가미를 씌운다. 흔히 감기는 병이 아닌 듯 여겨 별로 심각하게 생각하지 않다가 큰 병을 얻게 되는 것처럼, 중독증은 한 인생을 일터와 가정에서 함께 몰락하게 하고 사람의 정신과 영혼을 병들게까지 한다.

이러한 중독증을 경험한 사람들은 "모든 무거운 것과 얽매이기 쉬운 죄를 벗어 버리고"라는 히브리서 12장 1절의 말씀을 기억해야 한다. 얼마 전 천만 원의 주식투자 손실을 비관해서 자살한 가장과, 도박과 주식투자의 빚을 갚기 위해 억대의 은행돈을 훔쳐 달아났다 붙잡힌 은행원의 사건은 모두 중독증 때문이다.

대표적으로 중독성이 있는 것은 죄다. 중독성은 사단의 도구이며, 이것은 우리 믿음의 의지를 활용하여 벗어날 수 있다.

사역을 위해 로스앤젤레스에 간 적이 있는데, 그곳에서 여러 관광지를 구경할 수 있는 기회가 있었다. 그중에서 가장 인상 깊었던 곳은 할리우드 스타들이 자신의 손과 발 모양을 바닥에 찍어 놓은 'China Theater'였다. 수많은 영화배우들이 자신의 손과 발을 그곳에 찍기를 열망하며, 마침내 그곳에 자신의 흔적을 남기는 통과의례를 하면 비로소 만족해한다. 세상이 그를 스타로 인정했기 때문이다.

그곳 광장 정면에는 사자상이 있고 용이 새겨져 있는데, 용 아래에는 불이 타오르는 모습이 있다. 공교롭게도 그곳에 자신의 손과 발을 찍기 위해서는 몸을 굽히고 엎드리는 자세 즉, 그곳에 절하는 자세를 취해야만 자신의 모양을 남길 수 있다. 우연의 일치라고나 할까? 사단이 예수님을 시험할 때의 장면과 너무나 흡사하다. "이르되 만일 내게 엎드려 경배하면 이 모든 것을 네게 주리라"는 마태복음 4장 9절의 말씀이 떠올랐다.

직장인들이 추구하는 것은 성공이다. 혹시 우리도 하나님의 뜻에 합당한 성공이 아닌 세상의 성공을 위해 사단에게 절하고 있지 않은가? 아니면 허황된 욕망을 좇는 영적 마취의 상태로 판단력이 흐려지고 있지는 않은가?

성경은 말씀한다. "근신하라 깨어라 너희 대적 마귀가 우는 사자 같이 두루 다니며 삼킬 자를 찾나니"(벧전 5:8). 세상의 가치와 세계관으로 흐려진 우리의 영혼이 다시금 깨어나기를 바란다.

웃지 못할 이야기가 있다. 14세기 현재의 벨기에가 자리 잡은 곳에 레이몬드 3세라는 군주가 살고 있었다. 어느 날 그의 친동생이 반란을 일으켜 정권을 잡았는데, 차마 형을 죽일 수가 없어서 감방에 가두어 놓았다. 이 감방의 문은 특별하게 설계되어 있었다. 레이몬드 3세는 본래 식성이 좋아 뚱뚱한 사람이었는데, 그 몸집으로는 도저히 빠져 나올 수 없을 만큼 문이 작았던 것이다. 동생은 형에게 만일 살을 빼서 그 문으로 빠져 나올 수 있다면 자유의 몸을 허락하겠다는 약속을 했다. 그런데 그 감방에는 날마다 맛있는 음식들이 공급되었다. 그것들을 먹지 않고 다이어트를 했다면 체중이 줄어 자유의 문을 통과할 수 있었겠지만, 레이몬드 3세는 절제하지 못해 오히려 점점 더 뚱뚱해졌다. 그는 철장의 포로가 아니라 식욕의 포로가 되어 버린 것이다. 그는 자기 자신을 이길 수 없어 스스로 자유를 포기했던 것이다.

우리도 이러한 중독과 자기포기의 상태 속에 살아가지는 않는가? 창세기 4장 7절에 "죄가 너를 원하나 너는 죄를 다스릴지니라"는 말씀이 있다. 사단은 우리를 할 수만 있으면 미혹하고 쓰러뜨려 주님을 탁월하게 따르지 못하도록 역사한다. 우리는 이 사실을 꼭 기억하여 사단의 계략에 넘어가지 말아야 한다. 중독은 또 다른 중독을 부르며 결국 인생을 파멸로 이끈다는 사실을 꼭 기억하자!

2부

이원론의 마취에서 깨어나 세상을 알자!

우물 안 교인, 교회용 인재

직장 안에서 만나는 많은 크리스천은 내게 이런 말을 자주 한다. "교회에서 열심히 예수 믿으면 됐지 직장에서도 예수 믿는 티를 내야 합니까?" 그 말을 가만히 생각해 보면 예수님은 교회에서나 믿는 것이지, 세상에서는 예수님의 간섭을 받기 싫다는 말로 들린다. 제발 일터에서는 참견하지 말라고 예수님을 거부하는 느낌을 받을 수밖에 없다.

니체는 "현대인의 두 가지 병 중 한 가지는 자기를 잃어버린 병이요, 다른 한 가지는 잃고도 깨닫지 못한 병이다"라고 했다. 자신이 어떤 존재인지를 아는 것은 중요하다.

하나님은 우리를 '교회용' 인간으로만 창조하지 않으셨다. 세상에서 탁

탁월한 왕따되기

월하게 왕을 좇는 자, 즉 '탁월한 왕따'로 우리를 만드셨다. 세상을 변화시키고 세상을 이끌어 가는 일을 하도록 하셨다. 자신의 정체감을 발견할 때부터 삶은 달라진다. 하나님은 우리에게 말씀하신다. "하나님이 자기 형상 곧 하나님의 형상대로 사람을 창조하시되 남자와 여자를 창조하시고 하나님이 그들에게 복을 주시며 하나님이 그들에게 이르시되 생육하고 번성하여 땅에 충만하라, 땅을 정복하라, 바다의 물고기와 하늘의 새와 땅에 움직이는 모든 생물을 다스리라 하시니라"(창 1:27-28).

우리를 향한 주님의 소망은 세상을 정복하고 다스리는 것에 있다. 다른 말로 하나님은 우리에게 벤처 정신을 가진 크리스천이 되기를 원하신다. 성경에서 벤처 정신을 가진 대표적인 사람은 갈렙이다. 갈렙은 85세의 나이에도 "이 산지를 내게 주소서!"라고 외쳤다. 그는 진정한 세상의 정복자였다. 그러나 현대를 살아가는 크리스천들은 어떠한가? 교회에만 머물러 있고 싶어 하는 교회용 인재(?)는 아닌가?

지금 생각해도 한국 축구가 4강을 달성했던 2002년 월드컵의 감격을 잊을 수 없다. 당시 16강 숙원을 이루기 위해 히딩크 감독은 '히딩크 사단' 22명의 선수를 선발했다. 그 기준은 강한 체력과 과감한 공격력을 가진 선수였다. 그가 뽑은 대표팀의 절반 이상인 13명이 180㎝의 장신이었고, 유럽 선수들의 힘과 키에 맞설 수 있는 강인한 체력을 소유하고 있었다. 한마디로, 한국식 축구가 아닌 유럽식 축구를 위한 멤버를 구성한 것이다.

그는 "한국 축구는 골을 안 먹으려는 안전한 수비 축구에 치중해 경기 속도가 느리고 발전이 더디다"고 지적했다. 유럽 축구도 수비에 치중하다 쇠퇴의 길을 걸었다고 말하는 그는, 세계적 수준에 맞는 선수를 선발한 것이다. 이제 한국 교회도 교회용 인재만을 길러내는 것이 아니라 세상을 정복할 수 있는 '세상 정복형 인재'를 키워야 한다. 또한 한국 교회는 수비형보다 공격형 인재를 많이 발굴해야 한다.

삼성 그룹 이건희 회장이 쓴 자전적 에세이를 보면 "기업이 인재를 양성하지 않는 것은 일종의 죄악이며, 양질의 인재를 활용하지 못하고 내보내는 것은 경영의 큰 손실이다. 부정보다 더 파렴치한 것이 바로 사람을 망치는 것이다"라는 내용이 있다. 세상의 리더도 인재를 만들어 내지 못하면 죄악을 운운하는 판에 과연 교회는 세상에 영향력을 주고 세상을 리드하는 인재들을 얼마나 만들어 냈는가?

교회에서는 세계를 복음으로 뒤집겠다는 원대한 꿈을 가진 젊은이들이 세상에만 나오면 비실거리고 위축되는 모습을 볼 수 있다. 그 이유는 무엇인가? 교회에서는 어떻게 하면 신앙이 좋아지고 교회를 잘 섬길 수 있을지에 대해서는 반복해서 설교하고 가르치면서도, 당장 월요일부터 토요일까지의 6일 동안은 어떻게 세상에서 승리하고 탁월하게 세상을 변화시킬 수 있는지에 대해서 구체적으로 가르쳐 주지 않기 때문이다.

예수님은 세상의 중심에 오셨고 그분은 직업을 가지고 일하셨다. 예수님은 우리를 교회의 빛이라고 말씀하시지 않았다. 우리를 '세상의 빛'이라고 말씀하셨다. 그렇다면 이제 그리스도인은 세상에서 탁월하게 변화를 주도하고 주님을 전해야 하지 않겠는가? 많은 그리스도인이 직장이나 세상의 사역을 회피하고 교회만을 고집하는 이유는 세상에 대해서는 확신과 용기가 없어 피하고 싶기 때문이다. 마치 "에브라임 자손은 무기를 갖추며 활을 가졌으나 전쟁의 날에 물러갔도다"라는 시편 78편 9절에서의 말씀처럼 정말 싸워야 할 때는 너무나 무능력한 교회용 인재가 되어 버린 것이다.

한 기업을 통해 경쟁력 있는 사원이 만들어지는 것을 보면서 도전이 되기를 바란다. 일본 리쿠르트사(社)는 취업 정보와 인력 알선 업체로 유명하다. 실제로 '리쿠르트 출신을 잡아라'는 말이 있듯이 리쿠르트 출신을 최고 경영자나 간부로 데려 가는 회사가 많다. 그런데 그 이면을 들여다보면 특이하다. 아이러니컬하게도 많은 회사는 인재들을 자기 회사의 인재로만 남기를 바라지만 리쿠르트는 전직을 독려한다. 리쿠르트는 사원들의 퇴직이나 전직을 적극 권장한다. 그 이유는 인력의 신진대사를 활발하게 하는 한편 항상 퇴직에 대비해서 사원들이 능력을 개발하는 데 힘쓰도록 자극하기 때문이다. 또 사원이 서른 살이 되면 스스로 정년퇴직 연령을 정하는 선택 정년 제도를 도입했다. 그들이 자신의 실력으로 승부하도록 한 것이다.

이제 교회는 언제, 누구를 만나도 당당히 경쟁하고 승리할 수 있도록 인재를 훈련시키고, 스스로도 자신을 발전시켜 나가야 한다. 다시 말하지만 이제 우리 교회들은 탁월한 인재를 세상으로 배출시켜야 한다. 세상을 뒤집어 놓을 수 있는 탁월한 왕따들을 세상에 내놓아야 할 때인 것이다.

혹시 내가 불량소금?

소금도 소금 나름이어

서 불량 소금이라는 말까지 생겨났다. 그 한 가지 예로, 유해 불량 소금에

대한 경각심을 촉구하는 이색 퍼포먼스가 열렸다. 이 공연은 오염물질이

섞인 천일염, 전자제품 생산 과정의 부산물로 발생하는 폐기물 과정에서

청산가리 성분이 첨가된 소금 등 유해 소금의 폐해를 의인화한 것이었다.

성경은 우리를 세상의 소금이라고 분명하게 강조한다. 마태복음 5장 13

절은 말한다. "너희는 세상의 소금이니 소금이 만일 그 맛을 잃으면 무엇

으로 짜게 하리요 후에는 아무 쓸 데 없어 다만 밖에 버려져 사람에게 밟

힐 뿐이니라"(마 5:13).

그리스도인들은 세상에 넘쳐 나는데 왜 매년 우리나라의 사회부패지

수는 하위를 맴돌고 있는지에 대해 자문하지 않을 수 없다. 조지 아담 스미스는 "기독교를 개인적인 영역에 제한시켜 보십시오. 그러면 썩어서 냄새가 진동할 것입니다"라고 말했다. 우리의 문제는 영성이 없는 것이 아니라 세상에서 그것이 역할을 제대로 발휘하지 못하고 있는 것이다. 바울은 그의 아들 된 디모데에게 편지하면서 경건의 모양만 있는 '무늬만 그리스도인'들을 향해 "경건의 모양은 있으나 경건의 능력은 부인하니 이같은 자들에게서 네가 돌아서라"(딤후 3:5)고 경고했다.

많은 크리스천 직장인을 만나면서 가장 안타까웠던 것은 그들이 직장생활을 하는 모습을 보고 믿지 않는 동료들이 예수를 믿게 된 경우를 거의 찾아볼 수 없다는 점이었다. 또한 크리스천 직장인과 상담하거나 대화하면서 그들의 직무와 연관된 일에 있어서는 세상 사람들과 똑같이 뇌물을 요구하거나 주는 등 별반 다르지 않다는 사실을 알게 되었다. 심지어 한 크리스천은 "예수 믿는 사람들이 더 하면 더 했지 덜 하지 않다"는 말까지 했다.

이런 원인은 어디에서 찾아볼 수 있는가? 우리의 믿음을 개인적인 영역에만 국한하는 한국 교회의 고질적 병폐와 이원론 때문이다. 새로운 정부가 들어설 때마다 국회의원과 장·차관으로 임명된 인사 중 기독교 신자의 비율은 높지만 우리나라는 그 기간 동안 특별히 변화된 것은 찾아볼 수 없었다. 또한 직장인 중 57만 명이 기독 직장인 모임에 속해 있지만 '무늬만 크리스천들'이 대부분이다.

우리 크리스천은 세상의 소금으로 부르신 주님의 뜻에 합당하도록 염도를 유지하고 부패를 방지함으로써 소금의 짠맛을 보여 주어야 한다.

법대로 합시다!

구약 성경의 사사 시대는 영적 암흑기였다. 그 당시의 사회상을 가리켜 "그 때에는 이스라엘에 왕이 없었으므로 사람마다 자기 소견에 옳은 대로 행하였더라"고 사사기 17장 6절에서 말씀하고 있다. 한마디로 자기 생각대로 하나님을 믿으려고 한 시대였다. 당시 에브라임 산지에 '미가'라 하는 사람이 있었는데, 미가의 어머니는 아들이 훔친 은으로 우상을 만들었다. 그리고 떠돌아다니는 레위인 소년을 제사장으로 삼았다. 미가는 그런 일을 하고도 크게 복 받을 일을 했다면서 기뻐했다. 이것은 영적인 오해이며 심각한 범죄이다. 과연 이러한 미가의 행위를 하나님이 기뻐하실까? 어쩌면 미가처럼 우리도 스스로 하나님을 섬긴다고 하면서도 하나님의 방법이 아닌 나 자신의 방법으로 엉뚱하게 주님을 섬기고 있는지도 모른다.

경기 규칙을 무시하고 불법으로 경기하는 것이 결국은 상을 잃어버리게 한다는 교훈을 보여 주는 한 사건이 있었다. 시드니 올림픽 여자 경보 20km 경기에서 모든 경쟁자를 따돌리고 10만 명의 홈 관중의 환호 속에 스타디움 오스트레일리아 입구로 들어서던 호주의 제인 새빌이 바로 그 주인공이다. 그는 20m 차이로 중국의 왕리핑 선수가 가까이 따라붙자 위기의식을 느끼고 급피치를 올리다가 불과 결승줄을 200m 남겨 두고 심판에게 레드카드를 받아 땅을 치며 후회의 눈물을 흘렸다. 심판이 레드카드를 내밀자 제인 새빌은 "설마 저는 아니겠죠?"라고 물었지만, "아니, 당신 맞아요"라는 심판의 말을 듣고 망연자실했다. 반면 차분히 레이스를 펼친 왕리핑은 1시간 29분 5초의 기록으로 올림픽 금메달 리스트에 이름을 올렸다. 아무리 빨리 앞서 나간다 해도 경기의 원칙을 무시한 선수는 우승할 수 없다는 엄숙한 진리를 발견하는 순간이었다.

우리 사회는 오래 전부터 정직과 공의를 상실한 채 살아왔다. 반대로 아직까지 미국이 하나님의 축복을 받는 이유가 여기에 있다. 한국인의 사고로는 이해할 수 없지만 상속세 폐지 반대운동이 그것이다. 이 반대운동을 하는 사람들이 다름 아닌 바로 거부들이다. 특히 빌 게이츠의 아버지 윌리엄 H. 게이츠 시니어가 그렇다. 그는 상속세 폐지 반대를 주장하면서 "혜택을 누린 자들이 부(富)를 사회에 환원하는 것은 지극히 당연하다"고 말했다. 그는 만약 상속세가 없었다면 마이크로소프트를 창업하지 못했을 것이라고 말하기도 했다. 무슨 말인가 하면, 빌 게이츠가 자신에게 돌아올 막대한 상속 재산만 바라보고 있었다면 자신의 힘으로 자신의 앞길을 개척해 나갈 필요를 느끼지 못했을 것이라는 말이다.

또 한 가지 예가 있다. 제트 비행기가 막 도입되기 시작하던 시절, 보잉사와 더글러스사는 이스턴 항공에 비행기를 판매하기 위해 경쟁을 벌이고 있었다. 당시 이스턴 항공사의 총수는 유명한 비행사인 에디 리켄베커(Eddie Rickenbacker)였다. 그는 더글러스사가 제출한 DC-10기의 설명서를 읽어 보고는 더글러스사 사장에게 보잉사의 항공기와 거의 모든 면에서 대등한 기능을 가지고 있지만 소음 문제에 있어서 보잉사에 뒤진다고 지적해 주었다. 그리고 나서 마지막으로 기회를 줄 테니 이 경쟁에서 이겨 보라고 격려했다.

그러나 도널드 더글러스는 회사의 기술진과 회의를 한 끝에 리켄베커를 찾아가서 이 경쟁에서 이기지 못하겠다고 대답했다. 그러자 그는 "나는 당신이 이길 수 없다는 것을 알고 있었습니다. 나는 당신이 그런 상황에서도 정직한 태도로 나오는지를 알고 싶었던 것입니다. 1억 3천 500만 달러어치를 당신에게 주문하겠습니다. 이제 가서 제트기의 소음을 줄여 보십시오!"라고 말했다. 이것은 정직이 얼마나 중요한지 보여 주는 일화이다.

바울은 "이것으로 말미암아 나도 하나님과 사람에 대하여 항상 양심에 거리낌이 없기를 힘쓰나이다"라고 사도행전 24장 16절에서 고백한다. 영국의 격언에 "하루를 행복하게 살고 싶으면 이발을 하라. 일주일을 행복하게 살고 싶으면 결혼을 하라. 한 달을 행복하게 살고 싶으면 자동차를 사라. 일 년을 행복하게 살고 싶으면 새집을 사라. 일평생 행복하게 살고 싶으면 정직한 사람이 되라"고 했다.

지금 우리에게 필요한 3C는 Clean(깨끗함), Credit(신용), Compact(야무짐)이다. 우리가 다르게 살면 세상은 반드시 변할 것이다. 그중 깨끗함이 가장 중요하다고 생각한다. 크리스천이여, 이제 우리도 세상에서 법대로, 원칙대로 살아보자!

너희가 세상을 아느냐?

입시 때가 다가오면 부모들은 아이들의 성적에 관심을 더 갖는다. 이러한 현실을 풍자한 흥미로운 광고 카피가 등장했다. 그것은 교실 문의 학년과 반 표시 자리에 "3-?" 사진과 함께 "혹시 자녀의 반은 모르면서 반 등수만을 알려고 하지 않습니까?"라고 써 있는 광고 카피다. 이것을 보면서 혹시 교회가 일터와 세상의 상황은 전혀 모른 채 그저 성도들이 신앙생활을 잘하기만 바라는 것은 아닌지 의문이 생긴다.

세상은 급변하고 있으며 다양해지고 있다. 몇 년 사이에 만화학과, 이벤트학과, 레저스포츠학과, 바둑학과 등 새로운 직업이 생겨나고 있다. 전체 직업 수도 1만여 개로 추정된다. 사회가 얼마나 빠르게 변화하고 있는가? 1980년대가 질의 시대요, 1990년대가 리엔지니어링(Reengineering)의 시대였다면, 2000년대는 속도의 시대가 될 것이라고 빌 게이츠는 『생각의 속도』라는 책에서 말했다. 이제 눈 깜짝할 사이에 원고지 2억 장 분량을 보낼 수 있고, 초고속 인터넷의 경우 지금의 속도보다 1,000배나 빠르다. 세상은 급속하게 변화하고 있는데, 교회와 그리스도인들은 이런 세상을 알지 못한다. 물론 진리는 변하지 않는다. 그러나 진리를 담는 그릇은 시대에 따라 변화해야 한다.

지금 한국경제가 무엇 때문에 어려워졌는가? 세계는 빠르게 움직이고 변화하는데 한국만은 시대의 흐름을 따라가지 못하면서 구태의연한 구습으로 변화에 적응하지 못하고 있기 때문이다.

이제 우리 교회도 몸집을 불리기에만 급급할 것이 아니다. 교회는 세상이라는 현장을 잘 알아야 한다. 특히 세상에서 많은 시간을 보내는 그리스도인이 어떻게 삶의 현장 속에서 복음에 합당한 삶을 살 것인지를 가르치고 훈련시켜서 세상을 다스리고 정복할 수 있는 군사로 만들어야 한다. 그리고 복음과 상황을 잘 접목해야 한다.

스웨덴에서는 교통사고가 발생하면 경찰과 자동차 회사의 사고조사 부서가 함께 출동하여 조사한다고 한다. 여기에서 취합된 모든 정보는 안전센터, 디자인부서, 의료전문부서 등 세 개 브서의 전문가들이 심층 분석을 해서 방대한 데이터를 가공한다. 그리고 사고유형에 따른 부상 정도

등을 모형화해서 자동차 안전도를 높이는 데 중요한 자료를 얻는다. 그들은 현장을 이해하고 그것에 따른 자료를 분석해서 대안을 만들어 내고 제시한다.

"너희가 세상을 아느냐?" 꼭 질문해 보고 싶은 말이다. 그래서 필요한 것이 '성경적 세상 이해하기'이다. 크리스천은 세상을 어떤 관점으로 보아야 하는가? 바로 '하나님의 잃어버린 세계'가 세상이라는 인식이 필요하다. 하나님은 세상을 떠나거나 멸망받을 곳이 아니라 그리스도인이 정복하고 다스려야 할 곳이라고 말씀하신다. "내가 비옵는 것은 그들을 세상에서 데려가시기를 위함이 아니요 다만 악에 빠지지 않게 보전하시기를 위함이니이다 내가 세상에 속하지 아니함 같이 그들도 세상에 속하지 아니하였사옵나이다"(요 17:15-16).

예수님의 기도에서 알 수 있듯 우리의 정체감은 세상 속에서 살지만 세상과 구별된 삶을 사는 것이다. 그래서 세상을 변화시키고 복음을 전하는 것이다.

그렇다면 세상에서 우리가 추구해야 할 진정한 경건의 삶은 무엇인가? 성경은 말한다. "하나님 아버지 앞에서 정결하고 더러움이 없는 경건은 곧 고아와 과부를 그 환난중에 돌보고 또 자기를 지켜 세속에 물들지 아니하는 그것이니라"(약 1:27). 자기를 돌아보고 세상에 물들지 않으면서 세상과 동료들에게 영향력과 리더십을 발휘하는 것이다. 그러나 이런 삶은 결코 쉽지 않다.

사도 바울은 우리의 모든 삶을 하나님의 영광을 위해 살아야 한다고 말한다. "그런즉 너희가 먹든지 마시든지 무엇을 하든지 다 하나님의 영광을 위하여 하라"(고전 10:31). 이 말씀에서 특히 주목해야 할 것은 "무엇을 하든지(Whatever do it all)"인데 여기에는 사소한 것, 일상적인 것, 즉 먹는 것과 마시는 것까지도 포함한다. 특히 크리스천 직장인들이 가장 어려워하는 회식 문화도 이에 적용된다. '술을 마시느냐 마시지 않느냐'의 문제에서도 하나님의 영광을 고려해서 결정해야만 한다. 진정 하나님을 사랑한다면 어떤 결정을 내려야 할지 자명해진다.

요즘 사회와 문화는 다양해지고 있다. 그것을 한마디로 '퓨전'(Fusion)이라고 말한다. 퓨전은 '융합, 융해'라는 뜻으로 문화 영역에서는 사물이나 생각 등 서로 상충되는 두 가지 또는 그 이상의 요소가 섞여 전혀 다른 무언가를 만들어 낸다는 의미를 지닌다. 예를 들면, 된장 소스를 얹은 스테이크, 참깨 소스를 뿌린 이탈리아식 새우만두, 생강향이 묻어 나는 모카 케이크 등 이른바 시각 효과가 뛰어난 서양 요리와 담백한 맛의 동양 요리가 어우러진 퓨전 푸드는 이미 일반화되어 있다.

하나님은 점점 다양화되고 있는 사회와 문화 속에서 그분의 자녀가 세상 속에 살되 세상과 구별되고 변화를 주도하는 삶을 살기를 원하신다. 세상은 그리스도인들이 떠나거나 정죄해야 하는 장소가 아니다. 오히려 세상 속으로 파고들어 세상을 변화시키고 세상 사람과는 무언가 다르게 살아야 하는 것이다. 이렇게 우리는 구속적인 관점에서 세상을 이해하고 바라보는 안목을 지녀야 한다.

정보와 전략이 승리의 비결

모세는 가데스 바네아
에 이르러 가나안을 정탐하기 위해 12명의 정탐꾼을 선발해서 그들을 가
나안에 보냈다. 그 땅의 정보를 파악해서 어떻게 가나안을 정복할 것인지
전략을 짜기 위한 조치였다. 모세는 오늘도 우리가 정복할 산지인 이 세상
에 대한 정보와 전략이 필요함을 가르쳐 준다.

전쟁하기 전에 가장 중요한 것은 정보다. 이스라엘 백성도 여리고를 함
락시키기 위해 가만히 앉아 철야기도를 하면서 전략만 짜지는 않았다. 정
탐꾼을 보내어 먼저 그 땅의 정보를 파악했다. 현장을 무시한 전투는 승리
할 수도, 정복할 수도 없다. 마찬가지로 교회는 세상에 대한 정확한 정보
와 전략을 확보해야 제대로 싸울 수 있다.

산업혁명 이후 200여 년 동안 지속해 왔던 산업화 시대는 이제 그 생명을 정보화 시대라는 새로운 시대에 넘겨주고 말았다. 어떤 백화점은 직원들을 위한 관상 마케팅 강좌를 개설했는데, 판매 직원들이 고객의 얼굴이나 몸짓을 보고 무엇을 좋아할지를 짐작케 하기 위한 것이었다. 이제 어느 장소에서든지 스마트폰과 노트북만 있으면 공항, 카페, 호텔 심지어는 주유소 등 어디에서나 정보를 쉽게 얻을 수 있다. 모빌스타의 마크 구드 사장은 "자동차 주유소에서 주유는 물론 지식주유(Info-Fueling)까지 가능해졌다"고 말한다. 이제 정보를 어떻게 수집하고 관리하며 활용하는가에 따라 기업이나 개인의 성패가 좌우된다.

빌 게이츠는 『생각의 속도』에서 만약 "미국의 철도 회사들이 자신들의 사업 영역이 강철 선로업계가 아니라 '운송업계'라는 사실을 깨달았다면, 현재 미국인들은 유니온 퍼시픽 항공을 이용해 하늘을 날게 되었을 것이다"라는 뼈 있는 농담을 했다. 우스갯소리로 유니온 퍼시픽은 아직도 철도 회사이다. 월마트가 공룡 GM을 꺾고 매출 1위를 차지한 이유도 정보기술 활용전략 때문이었다. 월마트는 재고 관리와 판매수량 조사에 컴퓨터를 적극 활용해 매년 10% 정도의 비용을 절감했다고 한다. 결국 자기의 상태를 정확히 아는 정보가 세계 최고의 매출을 올리는 기업으로 성장케 하는 요인이 되었다.

"너희는 믿음 안에 있는가 너희 자신을 시험하고 너희 자신을 확증하라"(고후 13:5전).

강의를 하러 한 교회를 방문했을 때 다른 교회에서 볼 수 없었던 색다른 사무실을 발견했다. 그것은 '전도상황실'이었다. 그 사무실을 보면서 그 교회는 전도를 전략적으로 하는 교회라는 생각이 들었다. 그냥 전도 대상자만 정하고 주먹구구식으로 전도하는 것이 아니라 전략을 짜서 상황실을 운영하는 것이 참 인상적이었다.

어느 기업은 '신(新)경영'을 위해 68일간 간담회를 했는데, 1,800명과 350시간 대화했고, 사장단과는 800시간에 걸쳐 토의했다고 한다. 저녁 8시에 시작한 간담회는 이튿날 새벽 2시까지 계속되었다. 그들은 자신이 추구하는 이윤을 위해서 불철주야로 무섭게 전략을 모색한다.

반면 교회는 세상에 대해 어떤 정보와 전략을 가지고 있는가? 교회와 크리스천들은 세상을 보아야 할 때이다. 더불어 우리가 수많은 정보를 어떻게 분석하고 활용할 것인가에 대한 안목이 필요하다.

데이비드 셍크(David Shenk)가 쓴 『데이터 스모그』(*Data Smog - Surviving the Information Glut*)에서는 "현대는 정보 결핍이 아닌 정보 과부하와 과속이 사회적 문제다"고 지적한다. 지나치게 많은 정보는 스모그처럼 목표를 명료하지 않게 만든다는 것이다. 옳은 말이다. 쏟아져 들어오는 수많은 정보를 얼마나 유용하고 적절하게 분석하여 활용할 수 있는지를 판단하는 것은 중요하다.

피터 드러커(Peter Drucher)는 『미래를 위한 결단』(*Managing in a Time of Great Change*)에서 "데이터가 아무리 넘쳐도 데이터베이스 자체는 정보가 아니다. 그것은 정보의 원석에 불과하다. 의사결정 특히 전략을 결정할 때 가장 필요한 것은 외부에서 전개되고 있는 상황에 대한 데이터다"라고 말했다.

이제 교회도 세상에 대한 정확한 정보와 데이터로 세상을 어떻게 정복해 가야 하며, 탁월한 인재들을 세상의 중요한 요직에 어떻게 보내어 관리하고 정복해 나가야 할지 전략을 짜야 한다. 현대판 '여리고 함락 작전'을 시작해야 하는 것이다. 세상에 대한 정확한 정보와 전략이 바로 우리가 세상에서 승리하는 힘이다. 정보화 전략이야말로 이 시대를 이기는 승리의 비결이다.

"경영은 의논함으로 성취하나니 지략을 베풀고 전쟁할지니라"(잠 20:18).

교회의 세상 따라잡기

교회도 벤치마킹이 필요하다

오늘날 한국 교회는 과연 세상을 선도하고 있는가? 솔직하게 말하면 세상을 따라가기도 어려운 실정이다. 이제부터 교회가 해야 할 일은 그동안 세상에 내 주었던 주도권을 되찾는 일이다. 교회도 이제 벤치마킹이 필요하다.

창업 이래 독점적인 지위를 누리면서 복사기의 대명사로 군림했던 제록스는 캐논이라는 새로운 경쟁자가 등장함으로써 90%에 달했던 시장점유율이 한때 37%로 떨어지는 위기를 맞았다. 결국 제록스는 세계 최고라는 자만심을 버리고 후발업체인 캐논의 기술을 배우기 시작했다. 캐논에 찾아가 원가를 낮추면서 세계적 품질을 유지할 수 있는 비결을 배운 것이다. '벤치마킹'이라는 새로운 용어를 탄생시킨 이 프로젝트는 제록스의 경쟁력

탁월한 왕따되기

을 회복시키고, 마침내 이전에 육박하던 80% 정도의 시장 점유율을 다시금 이끌어 낼 수 있었다.

우리는 과연 무엇을 세상에서 벤치마킹해야 하는가? 그것은 바로 '프로 의식'이다. 언제부터인지 세상에서 하는 것은 세련되고 화려해서 사람들의 관심과 주목을 받기에 충분하다는 인식이 생겼다. 그러나 교회에서 하는 행사나 프로젝트들은 세상에 비하면 비전문적이고 시대에 뒤떨어진다는 느낌을 지울 수 없다. 그 이유는 무엇인가? 크리스천들이 프로 의식으로 일하고 있지 않기 때문이다. 기억하자. 찬란했던 중세 문화와 유수한 세계 유산은 모두 기독교 문화에서 시작하고 발전했다는 사실을!

백화점에는 창문이 없다. 그 이유는 시간이 가는 줄 모르고 물건 사는 일에만 전념하도록 밖이 내다보이는 창문을 없애고 실내를 낮처럼 환하게 밝혀 놓은 것이다. 혹시 교회에도 밖을 내다보는 창문이 없지 않은가? 우리는 세상을 분명하게 볼 수 있는 안목을 가져야 한다. "잇사갈 자손 중에서 시세를 알고 이스라엘이 마땅히 행할 것을 아는 우두머리가 이백 명이니 그들은 그 모든 형제를 통솔하는 자이며"(대상 12:32). "시세를 아는 것"을 표준새번역 성경에서는 '때를 잘 분간할 줄 아는 것'이라고 번역한다. 하나님은 우리가 시대를 잘 파악하고 서상을 이끌어 가는 자가 되기를 원하신다.

시벨 시스템즈(Siebel Systems)는 미국의 경제잡지 《비즈니스위크》가 선정한 세계 100대 IT 기업 중 우수한 기업으로 선정되었다. 이 회사의 핵심 사업은 고객 서비스 부분의 소프트웨어를 제작하는 일이다. 이 회사의 모토는 고객만족이다. 시벨 시스템즈 회장은 외부 업체에 의뢰해서 고객 기업들과 6개월마다 인터뷰를 하고 고객들로부터 제품과 서비스에 관한 의견을 듣는다. 그의 고객 중심 경영은 세계에서 가장 빨리 연매출 10억 달러를 돌파시킨 원동력이 되기도 했다.

그리고 미국 산업 디자인계에서 다섯 손가락 안에 꼽히는 한국인이 있는데, 바로 이노사의 김영세 대표이다. 그는 스타벅스 커피숍에서는 뜨거운 종이컵을 쉽게 잡을 수 있도록 종이띠를 두르는데, 만약 자신이 종이 홀더 아이디어를 생각해 냈다면 아마 지금쯤 백만장자가 되었을 것이라는 말을 했다. 아주 작은 배려를 위한 아이디어가 엄청난 가치와 부(富)를 주는 것처럼 작은 아이디어는 사람을 감동시키고 삶을 변화시킨다. 여행용 골프가방 프리텍, 잠금장치를 단 이노 지퍼 등은 모두 이노사의 고객 사랑의 결과이다.

작은 배려와 사랑은 많은 사람에게 유익을 줄 뿐만 아니라 불신자들이 그리스도인이 되는 좋은 출발점이다. 우리도 세상으로부터 이런 탁월함을 배워야 한다.

21세기는 속도의 시대이다. 교회는 빠르게 변화하는 세상을 읽을 수 있는 영적인 눈과 시세를 파악하는 능력이 필요하다. 결국 세상의 변화를 읽

지 못하고 듣지 못한다면, 결코 세상을 변화시키거나 주님을 좇는 탁월한

왕따가 될 수 없다.

우리는 그리스도의 샘플

극장에서는 영화가 시작되기 전에 곧 개봉할 영화의 예고편을 보여 준다. 그런데 만약 예고편이 재미없다면 사람들은 그 영화를 보지 않을 것이다. 또 어떤 물건을 살 때 샘플을 써 보고 마음에 들지 않는다면 그 상품을 구매하지 않을 것이다.

요즘 사람들은 중국산이라고 하면 한번쯤 물건을 집어 들고는 망설인다. 왜일까? 겉모양이 아무리 괜찮아 보여도 품질이 보증되지 않기 때문이다. 품질을 좋게 하기 위해서 기업에서는 PPM 품질관리를 한다. PPM이란 'Parts Per Million'의 약자로 세균이나 박테리아의 유무를 가릴 때 사용하는 것이다. 이는 정확한 품질관리를 위함이다.

100만 개 중 하나가 불량이어도 그것을 산 고객은 100만 개 전체를 불

량으로 생각한다. 이런 점에서 본다면, 세상의 많은 그리스도인이 보편적
으로 잘한다 하더라도 몇몇 그리스도인의 잘못된 삶을 통해 사람들은 모
든 그리스도인이 그런 것처럼 생각할 수 있다. 사실 세상에서 모든 그리스
도인이 매스컴의 조명을 받는 것이 아니라, 불과 몇 명의 크리스천의 부정
적인 모습이 마치 전체가 그런 것처럼 비춰지고 있는 것이다.

세상 사람들은 하나님을 볼 수 없다. 하나님이 살아 계시다는 것을 증
명할 수 있는 방법은 그리스도인들의 삶을 통해서이다. 요한일서 4장 12
절에서는 "어느 때나 하나님을 본 사람이 없으되 만일 우리가 서로 사랑
하면 하나님이 우리 안에 거하시고 그의 사랑이 우리 안에 온전히 이루어
지느니라"고 말한다. 우리가 하나님을 보여 주는 삶을 산다면 사도 바울처
럼 자신 있게 말할 수 있을 것이다. "그러므로 내가 너희에게 권하노니 너
희는 나를 본받는 자가 되라"(고전 4:16). 우리도 이렇게 세상에 당당하게 선
포할 수 있어야 한다.

우리가 세상을 향해 당당히 외치기 위해서는 믿음과 인재의 품질 관리
가 철저히 이루어져야 한다. 이런 크리스천의 양성을 위해서는 교회와 직
장 안에 크리스천의 부르심을 발견하고 일터에서 어떻게 전도해야 할지를
훈련받는 직장 사역 훈련 과정이 필요하다. 그래서 그리스도인들이 앞장서
서 영혼을 살리고 부정과 부패를 끊는 본이 되어야 한다.

중국 춘추전국시대에 어느 왕이 위대한 사상가를 불러서 나라 안에 만

연해 있는 부패와 도둑질을 끊을 수 있는 방법을 물었다. 왕의 말에 그 사상가는 "폐하께서 먼저 훔치지 않으신다면 신하와 백성 역시 금을 주며 훔치라고 해도 훔치지 않을 것입니다"라고 말했다고 한다.

이것은 오늘 우리 크리스천들에게도 동일하게 적용될 수 있다. 우리는 세상이 썩었다고 한탄한다. 어느 직장에도 크리스천들이 없는 곳이 없는 상황에서 우리가 제대로 된 '샘플'의 역할을 한다면 세상은 더 이상 썩지 않을 것이다. 우리 자신이 먼저 세상에서 바르게 산다면 세상이 우리를 통해서 도전받고 변화할 것이다.

동기부여는 감기 바이러스처럼 자신도 모르게 전염된다. 우리가 세상에서 사람의 동기를 유발시켜 하나님의 나라를 확장시키는 역할을 감당하려 한다면 가장 중요한 것은 먼저 우리 스스로가 본을 보여야 한다. 왜냐하면 우리는 그리스도의 샘플이기 때문이다.

세상에서 검증된 부흥

한 사람이 과연 진정한 크리스천인지, 아닌지를 검증받을 수 있는 곳이 단지 교회뿐일까? 사실 교회에서는 믿음 생활을 방해하거나 경건하게 산다고 핍박하는 사람은 거의 없다. 그저 직분 자체로 그의 신앙을 인정받는다. 그러나 세상은 다르다. 아무리 내가 믿음 좋은 신자라고 해도 자신의 삶으로 검증받지 않으면 사람들은 그를 그리스도인으로 인정하지 않는다.

성경에서 그리스도인이라는 호칭이 나오는 첫 구절은 사도행전 11장 26절이다. " … 제자들이 안디옥에서 비로소 그리스도인이라 일컬음을 받게 되었더라." 우리가 주목해야 할 단어는 '비로소'이다. 이 부사의 의미는 그 전에도 그리스도인들이 있었지만 세상 사람들은 안디옥 교회의 믿는 자들을 보고서 그들을 그리스도인으로 부르기 시작했다는 것이다. 안디옥 교회 성도들이야말로 세상 사람들에게 하나님의 사람으로 검증받은 사람들이다.

그렇다면 안디옥 교회의 그리스도인들이 탁월했다는 증거는 무엇인가? "바나바는 착한 사람이요 성령과 믿음이 충만한 사람이라 이에 큰 무리가 주께 더하여지더라"(행 11:24)는 말씀에서 알 수 있듯이 우선 안디옥 교회 지도자였던 바나바는 영향력 있는 탁월한 인물이었다. 바나바의 탁월함을 증명해 주는 것은 큰 무리가 더했다는 사역의 결과로 증명될 수 있다. 결국 '탁월하게 왕을 따르는 자'는 사람들 앞에서 드러나게 되고 검증을 통해 증명된다.

사람들은 흔히 '영성'(spirituality)이라고 하면 흔히 수도원에서 혼자 경건하게 수도하는 것이라고 생각한다. 그러나 '진정한 영성'은 삶 속에서 자신의 경건함이 드러나는 삶의 영성('삶성')이다. 루터는 종교개혁 당시 노예나 상인이나 어부나 어떤 종류의 직업에 종사하더라도 하나님의 영광을 위해서 일한다면 그것은 거룩한 것이라고 했다. 우리는 경건의 모양은 있지만 경건의 능력이 적다. 넘쳐나는 크리스천들이 세상에서 큰 영향력을 행사하지 못하는 것은 '삶성', 즉 삶을 통한 영성을 드러내는 훈련이 부족하기 때문이다.

'로버트 머레이 멕체인'(Robert Murray Mccheyne)은 영성의 사람으로서

강단에 올라섰을 때, 말 한 마디 하지 않았음에도 불구하고 사람들이 조용히 울기 시작했다고 한다. 그의 모습에서 하나님의 임재를 느꼈고, '하나님으로부터 온 메시지를 전해 주는 자'라는 인상을 받았던 것이다. 그가 입을 열기도 전에 사람들은 그에게 깊은 감명을 받았고 그가 강단을 떠날 때는 사람들이 눈물을 흘리며 "아! 저분은 내가 지금까지 본 사람 중에서 예수님을 가장 많이 닮은 분이다"라고 말했다. 그가 담당교구의 거리를 걸을 때나 영국의 다른 거리를 걸을 때 사람들은 그의 얼굴에서 예수님이 보여서 놀랐다고 기록했다.

『현실에 뿌리박은 영성』에서 오스틴 패러(Austin Farrer)가 말했듯이 예수님이 목수로 일하실 때 구부러진 못을 펴는데 성령의 능력을 사용하셨을 것이라고 생각하는 사람은 없다. 즉 정말 거룩한 삶을 산다고 말한다면 그 삶을 통해 구체적으로 경건의 능력을 통한 모습을 드러내야만 한다. 자신의 거룩함을 삶 속에서 구체적으로 보여 줄 수 있는 능력, 즉 '삶성'(Life of Holy)이 필요한 것이다.

하나님은 어디에서 부흥이 일어나기를 바라실까? 교회에서는 날마다 부흥을 위해 기도하고 태신자 초청 전도 집회와 영적 대각성 집회를 통해 많은 사람을 전도하려고 노력한다. 그런데 문제는 교회는 부흥할지 몰라도 세상은 갈수록 교회의 부흥에 대해 냉담해지고 있다는 사실이다. 교회는 여전히 사람들로 넘쳐 나지만 그들이 6일 동안 사는 직장과 일터의 현장 속에서는 부흥도 기쁨도 더 이상 찾아볼 수 없다.

크리스천 직장인이 가장 힘들어하는 것 중에 하나는 회식 자리에서 사람들이 술을 권할 때 그것을 어떻게 지혜롭게 넘어가느냐 하는 것이다. "사실 회식할 때만 되면 기도할 수밖에 없습니다"라고 말하는 사람들이 있다. 우리는 그동안 너무나 세상 문화와 직장 문화 속에서 소극적으로 대처했고 피해자인 것처럼 살아왔다. 그래서 부흥은커녕 현상 유지조차 벅찬 것이 현실이다. 또한 대표기도 시간에 공통적으로 하는 기도의 문구처럼 "이 어린양들이 이제 썩어질 육신의 일을 하기 위해서 세상으로 무거운 발걸음을 옮기는 것"이다. 따라서 부흥은 교회에서만 사용하는 단어일 뿐 세상에서는 전혀 어울리지 않는 거룩한(?) 단어로 남게 되었다.

그러나 주님의 부흥의 물결은 세상 속에서 일어나고 있다. 이제 우리는 그 부흥의 파도를 타는 기쁨을 경험할 때이다. 마틴 로이드 존스 목사는 "부흥이란, 거의 죽어 가는 무력한 교회가 깨어나고 활기를 되찾으며 생명의 기운이 소생하는 것"이라고 설명한다. 또한 "거의 죽어가던 성도들에게 성령의 능력이 어느 날 갑자기 임하여 머리로만 믿던 진리를 새롭게 깨닫게 되고, 두려워하게 되며, 하나님의 위대한 구원 역사 앞에 자신을 내어 맡기는 것"이라 말한다. 진정한 부흥은 세상 속에서 일어나는 것이며, 그런 부흥이야말로 거품이 아니라 검증된 참 부흥이다.

이제 교회가 아닌 세상에서 진정한 부흥의 물결이 일어나는 것을 보고

싶다. 일터에서 예배가 회복되고 크리스천들의 정체감이 확립되어서 그들
의 삶 또한 풍성해지는 그런 부흥을 보고 싶다.

수로가 막히면 역류한다

많은 그리스도인이 예배를 은혜롭게 드리고 나서 "이제 다시 현실로 돌아가야 한다는 것이 참으로 괴롭군요!"라고 말한다. 더 이상 교회의 부흥과 예배의 감격과 기쁨이 세상으로 흘러가지 못하고, 그 수로가 막혀 버렸다는 탄식이다. 그래도 직장에서 주님의 뜻대로 살기 위해 몸부림치는 사람들은 몇 번씩 직장을 그만두고라도 주님이 기뻐하시는(?) 신학의 길을 걸어 주님의 종으로 사역하기를 원한다. 과연 주님의 뜻대로 살기 위해서는 직장인들이 일터를 떠나 목회의 길을 가야 하는 것인가?

시편 기자는 세상과 구별되어 살지 못하는 그리스도인을 향해 "각기 물러가 함께 더러운 자가 되고 선을 행하는 자 없으니 한 사람도 없도다"

탁월한 왕따되기

(시 53:3)라고 탄식한다. 언제부터인가 그리스도인들은 세상의 모델이나 빛으로서의 역할을 포기한 듯하다. 교회가 건축 허가를 받기 위해 구청 공무원에게 뇌물을 준다면 성도들에게 어떻게 세상을 향해 정직하고 투명하게 살라고 말할 수 있겠는가? 한 신문에는 '신학대 석·박사 장사 기막혀'라는 내용의 기사가 나오고, 크리스천들은 세상에서 신뢰를 잃어 버리고 빛으로 살기를 포기하고 있다. 왜 대형사고가 날 때마다 그리스도인이 주인공으로 떠오르는가? 모두 불법을 행하고 있기 때문이다. 만약 불법을 행하고서도 모든 것이 잘된다고 "할렐루야!"를 외치거나 은혜를 이야기한다면 그것은 심각한 영적 불감증에 걸린 것이다.

문둥병의 특징은 감각을 느끼지 못하는 것이다. 코가 떨어져 나가도 아픔을 느끼지 못하고 손가락이 떨어져 나가도 고통을 느끼지 못한다. 고통과 통증을 느끼지 못하면 행복할 텐데, 그들은 행복해하지도 않는다. 왜냐하면 그런 삶의 끝은 죽음이기 때문이다. 우리가 선지자 노릇을 하고 귀신을 쫓아내고 권능을 행한다고 해도 주님이 우리를 모른다고 부인할 수 있는 것은 바로 불법으로 무엇인가를 행하고 있기 때문이다. 교회가 세상에 영향력을 주지 못하고 막힌 수로처럼 역류 현상이 나타나는 것은 교회가 세상을 향해 복음의 기쁜 소식을 흘러보내지 않았기 때문이다.

중국 사람들은 상술에 능한 사람들이다. 그들의 비즈니스 원칙을 3-3-4 법칙이라고 한다. 전체 이익의 3은 소비자에게, 다른 3은 자신을 도와준 동

업자에게, 그리고 ¼는 자신의 이익으로 한다. 이렇게 할 때 모두가 행복해
진다는 것이다. 교회도 세상에서 복의 근원이 되어야 한다. 그동안 세상을
떠들썩하게 하고 비리의 주인공을 양산해 낸 책임을 통감함으로써 교회는
신자들이 그리스도인으로서 이 세상에서 어떻게 살아야 하는지를 가르쳐
야 한다. 막힌 공급의 수로를 세상을 향해 터놓아야 할 때이다.

탁월한 지도자의 탁월한 실수

여호수아는 모세를 잇는 탁월한 지도자였다. 그의 말년이 끝나자 바로 사사 시대가 시작되었다. 한마디로 말하자면 모세는 후계자를 세웠지만, 여호수아는 후계자를 세우지 않았다. 그래서 사사 시대는 암흑기였다. 왜 암흑기였는가? 여러 이유가 있겠지만 지도자의 부재가 암흑기를 부른 중요한 원인이었다. 한국의 역사가 이를 말해 주고 있지 않는가? 청기와, 고려청자, 조선백자, 거북선 같은 훌륭한 기술 역시 전혀 전수되지 않았고, 그 결과 우리는 훌륭한 문화유산을 잃어 버렸다.

마케팅 전문가 마틴 잭니스(Martin Jacknis)는 '전문가 감소의 법칙'에 관해 언급했다. 이 법칙을 간략하게 설명하면 지도자들은 사람들을 고용할 때 자기보다 능력이나 전문지식이 조금이라도 떨어지는 사람을 쓴다는 것이다. 결국 숫자는 많아도 전문성이 뛰어난 사람들은 시간이 지날수록 줄어든다는 것이다. 『한국, 한국인 비판』이란 책을 쓴 이케하라 마모루 씨는 일본인으로 한국에서 26년을 산 경험을 돌아보면서 "한국 사회는 인재를 키워 주는 풍토가 거의 없다. 다른 사람이 앞서가는 기미라도 보이면 철저하게 견제한다"고 말한다.

이런 현실을 우리가 인식한다면 세상을 변화시킬 인재를 키우는 것이 한국 교회의 과제라고 본다. 하나님의 관심은 사람이다. 그래서 성경을 보면 하나님은 그의 사람들을 찾고 계심을 알 수 있다. 일본의 전자통신업체는 사내 엘리트 연수를 실시하는데, 매년 40대의 부장 승진 후보자 20명씩을 사장이 직접 선발해 4개월 동안 최첨단 경영 이론과 문제 해결 능력을 가르친다고 한다. 이는 연수대상 1명당 1000만 엔(약 1억 1200만 원)의 경비가 드는 고급 교육 과정이다. 한 기업을 살리고 발전시키는 데도 이만큼의 투자가 필요한데 진정 세상을 변화시키고 사람을 살리는 전도의 일에는 얼마나 많은 투자가 필요하겠는가?

프로 스포츠 구단은 매년 구단의 발전을 위해 좋은 선수를 선발하는 데 혈안이 되어 있다. 그러나 교회는 세상을 변화시킬 젊은이들과 인재들을 발굴하기 위해 얼마나 혈안이 되어 있는지 묻고 싶다. 혹시 있는 인재도 세상에 빼앗기고 있지는 않은가? 한국 교회에 청소년들이 줄어드는 것은 이 같은 상황을 반영하는 것이다. 교회 안에 있는 젊은이들과 인재들이 세상에서 탁월하게 일하도록 키워 주고 기회를 주어야만 한다.

일본 경제 전문 월간지 《프레지던트》는 최근 후배를 훌륭하게 키우기 위해 직장 선배가 명심해야 할 '후배 육성 십계명'을 소개했다.

1. 억지로 가르치려 하지 마라.
2. 하루에 15분씩 교육에 할애하라.
3. 자주 일을 맡겨라.
4. 단점을 찾지 말고 장점을 찾아라.
5. 후배의 유형을 장인형, 프래너형, 프로듀서형으로 구분하라.
6. 일하는 방식에 따라 특성을 파악하라.
7. 능력을 성급히 판단하지 마라.
8. 불평을 아이디어의 배출구로 만들어라.
9. 잘못하면 꾸짖어라.
10. 매력 있는 선배가 되어라.

코카콜라의 최고 경영자 로베르토 고이주에타(Roberto Goizueta)의 갑작스러운 죽음에도 코카콜라가 건재할 수 있었던 것은 오랫동안 파트너로 일해 온 더글라스 이베스터(Douglas Ivester)가 있었기 때문이다. 한국 교회는 이제 세상을 변화시킬 인재들을 양성해야 한다. 그래서 그들이 세상을 정복할 수 있도록 준비시켜야 한다.

쓸 만한 인재 어디 없소?

예수님은 33년의 생애 중 공생애 3년을 빼고는 '목수'라는 직업인으로 사셨다. 그 밖에도 바울, 아굴라와 브리스길라는 장막 만드는 일을, 베드로와 그의 형제들은 고기 잡는 일을 그리고 마태는 세금 징수하는 일을 했다. 아마도 예수님이 만드셨던 '예수님표 멍에'는 가장 견고하면서도 가벼운 것이어서 나사렛 사람들은 예수님이 만든 제품을 즐겨 사용했을 것이다.

요즘 세상의 일터에서는 전문가를 찾고 있다. 그러나 일터에 필요한 전문가와 그 일에 숙달된 사람은 그리 많지 않다. 홍수 때 마실 물이 없듯이, 필요한 자리에 알맞은 인재를 찾는 것은 쉽지 않다. 앞으로의 기업의 승패는 얼마나 유능한 인재를 확보하느냐에 달려 있다고 해도 과언이 아니다.

탁월한 왕따되기

교회도 마찬가지다. 교육 파트나 전문 분야의 사역자를 구하려고 하면 실제로 그 일에 맞는 사람을 택하기가 쉽지 않다. "… 이르시되 내가 누구를 보내며 누가 우리를 위하여 갈꼬 하시니 그 때에 내가 이르되 내가 여기 있나이다 나를 보내소서 하였더니"(사 6:8). 이사야 선지자는 준비된 사람이었다. 그는 하나님이 자기 자신을 써 주기만을 바라는 사람이 아니라 언제든지 하나님의 도구로 사용되기 위해서 준비했던 사람이다.

오늘날 많은 사람이 필요한 분야의 인재를 찾고 있지만 그 일에 적합하게 준비된 탁월한 사람은 적다. 하나님은 이 세대의 왕이신 주님을 탁월하게 따르는 사람들을 찾고 계신다. 존 웨슬리는 "하나님이여, 제게 하나님과 죄를 두려워하는 하나님의 사람 백 명을 주시옵소서. 영국을 변화시키겠나이다"라고 기도했다. 네비게이토 창시자 도슨 트롯트맨(Dawson Trotman)도 "문제는 '얼마나 많은 사람인가'가 아니라 '어떤 종류의 사람인가'이다. 나는 죽어 있고 생산 능력이 없고 성장하지 못한 수백 명의 사람보다는 단 하나의 살아 있는 이삭, 즉 재생산할 수 있는 사람을 찾겠다"고 말했다. 하나님이 "누가 나를 위해 갈꼬?"라고 말씀하실 때 "내가 여기 있나이다"라고 대답하면서 담대히 일어날 사람을 주님은 찾고 계신다.

그래서 필요한 것이 교회가 일터를 변화시킬 인재를 만들어 내는 것이다. 인재는 목재와 같다. 나무는 적절히 물을 주고, 잘라 주고, 사랑으로 키울 때만이 쓸 만한 재목이 된다. 로버트 머레이 맥체인은 "하나님께 쓰임

받는 일꾼들은 하나님의 손에 붙들린 무서운 무기들"이라고 말한다. 크리스천이 하나님의 손에 붙들린 무서운 무기가 되기 위해서는 교회가 지속적으로 투자와 훈련을 시켜야 한다. 좋은 인재를 양성하기 위해 과감하게 장학 혜택을 주고, 비전을 심어 주고, 정보를 제공하면서 그 분야의 멘토를 만날 수 있도록 가교의 역할을 감당하고 지원해야만 한다.

일본의 경우 앞으로 50년간 30명의 노벨상 수상자를 배출한다는 목표 아래 5년간 24조 엔을 연구개발비로 지원한다고 한다. 한국과 일본 간의 축구경기를 보면서 느낀 것은 일본 축구의 진보는 청소년 때부터 지속적인 투자와 축구 선진국으로의 선수 파견을 통해 계속적인 훈련을 시킨 결과라는 점이다.

세상을 정복하기 위해서는 세상을 이길 수 있는 무기가 필요하다. 이스라엘은 산지를 정복해 가면서 산지 거민들은 쫓아냈지만 골짜기 거민들은 쉽게 정복하지 못했다. 그 이유는 그들에게는 철 병거가 있었기 때문이다. "여호와께서 유다와 함께 계셨으므로 그가 산지 주민을 쫓아내었으나 골짜기의 주민들은 철 병거가 있으므로 그들을 쫓아내지 못하였으며 그들이 모세가 명령한 대로 헤브론을 갈렙에게 주었더니 그가 거기서 아낙의 세 아들을 쫓아내었고"(삿 1:19-20)

그때와 같이 지금도 이스라엘과 팔레스타인은 끊임없는 전쟁 중에 있다. 그런데 수적으로 열세인 이스라엘이 팔레스타인을 비롯한 아랍권과 싸워 이길 수 있었던 것은 바로 준비된 군사력 때문이었다. 이 싸움을 로 켓 대 소총 싸움이라고 표현하기도 한다. 이스라엘은 진작부터 투자와 관심을 아끼지 않았기 때문이다. 철 병거는 보이는 무기일 수 있다. 그러나 더욱 중요한 것은 하나님이 함께하고 있다는 믿음이다. 어떻게 여호수아가 모세의 뒤를 이어 이스라엘 백성을 광야에서 가나안으로 이끌어 낼 수 있었겠는가? 그것은 약속의 말씀이 있었기 때문이다. "네 평생에 너를 능히 대적할 자가 없으리니 내가 모세와 함께 있었던 것 같이 너와 함께 있을 것임이니라 내가 너를 떠나지 아니하며 버리지 아니하리니 강하고 담대하라 너는 내가 그들의 조상에게 맹세하여 그들에게 주리라 한 땅을 이 백성에게 차지하게 하리라"(수 1:5-6). 이 약속의 말씀이 여호수아를 승리케 한 것이다.

군중과 군대의 차이를 아는가? 시장에 모여 있던 군중들이 흩어지면 그곳에는 쓰레기밖에 남지 않는다. 그러나 2천 명의 잘 훈련된 군대는 나라를 뒤집어엎을 수 있는 힘이 있다. 잘 준비된 군대가 세상을 변화시킨다.

교회는 군중을 만들어 낼 것이 아니라 군대를 만들어 내야 한다. 그러나 우리 교회의 인재 양성과 관리 시스템은 어떠한가? 과연 철 병거로 세상에 나가서 싸울 수 있도록 준비시키고 있는가? 탁월하게 주님을 좇을 왕따를 만들기 위해서는 세상을 이끌어 갈 지도자의 영성과 실력을 키우는데 교회가 과감히 투자해야 한다.

4부

지금은 왕따라야 빛난다!

비전 상향 조정

어느 날 인디언이 길을 가다가 독수리 새끼 한 마리를 발견하고는 집으로 데리고 와 독수리를 닭장 안에 넣고 키웠다. 독수리는 닭들과 함께 지내면서 자신을 닭으로 알고 자랐다.

어느 화창한 날 큰 새가 창공을 힘차게 날아오르는 모습을 본 닭장 안 독수리 새끼는 닭에게 이렇게 물었다.

"저기 멋지게 날고 있는 저 새의 이름은 뭐지?"

그때 닭은 독수리 새끼에게 말했다.

"저 새는 조류의 왕 독수리야! 우리는 저렇게 날 수 없어. 꿈도 꾸지 마!"

결국 독수리 새끼는 자신이 닭인 줄 알고 닭장에서 살다가 죽었다.

혹시 오늘 우리도 하나님이 독수리로 만든 우리 자신의 모습을 발견하지 못하고 닭처럼 살다가 인생을 끝마치고 있는 것은 아닌가?

또 다른 이야기가 있다. 어느 날 피카소에게 한 여인이 찾아와 자신의 초상화를 그려 달라고 부탁했다. 피카소는 단숨에 그녀의 초상화를 그려 주고 그 비용으로 50만 프랑을 요구했다. 우리나라 돈으로 8천만 원에 상당하는 거액이었다. 그 여인은 짧은 시간에 그림을 그린 것 치고는 너무 많은 비용을 청구한 것이 아니냐고 불만을 표시하자 피카소는 "나는 단 몇 분에 당신의 초상화를 그린 것이 아니라 40년 동안 그린 것입니다"라고 말했다고 한다. 피카소가 실제로 그림을 그린 시간은 오래 걸리지 않았지만 40년 동안 계속 그림을 그려온 노하우 때문에 그렇게 빨리 그림을 그릴 수 있었다는 말이다. 이것이 바로 피카소의 법칙이다. 우리는 자신을 끊임없이 업그레이드해야 한다. 그런데 업그레이드를 하기 위해서는 피카소의 법칙처럼 시간과 대가를 지불해야 한다.

삶의 현장에서 만나는 많은 크리스천은 자신이 탁월하게 주님을 섬기기를 바라지만 자신이 맡은 일에 자신을 드리고 헌신하는 대가를 지불하지 않는 것을 종종 본다. 한마디로 마음의 원함만 가지고 있지 육신이 약한 것이다. 그러나 예수님이 그의 제자들을 부르실 때 대가를 지불하고 주님을 좇도록 명령하신 것을 기억해야 한다. 자신을 주님께 위탁하고 시간과 재정의 대가를 치르는 헌신을 할 때 하나님은 우리를 사용하실 것이다.

"인생이라는 커다란 가게에 들어가서 원하는 것을 무엇이든 가져가라. 다만 대가를 지불할 준비를 하라"는 속담이 있다. 이제 비전을 업그레이드하기 위해서는 대가를 지불해야 한다. 자신만이 잘할 수 있는 분야를 찾아서 그것에 시간과 노력을 투자하고 하나님의 도우심을 구하면서 행한다면 분명 놀라운 변화를 경험할 것이다.

이제 하나님을 바라보며 대가를 지불하는 인생에게 하나님은 놀라운 능력을 허락해 주신다. "소년이라도 피곤하며 곤비하며 장정이라도 넘어지며 쓰러지되 오직 여호와를 앙망하는 자는 새 힘을 얻으리니 독수리가 날개치며 올라감 같을 것이요 달음박질하여도 곤비하지 아니하겠고 걸어가도 피곤하지 아니하리로다"(사 40:30-31).

매력적인 크리스천 직장인

어떤 사람이 미국 출장

길에 샌프란시스코의 리츠칼튼호텔에서 하루를 묵은 적이 있다고 한다. 그

는 서양식의 푹신한 베개가 싫어서 프런트에 전화를 걸어 좀 딱딱한 베개

를 갖다 달라고 요청했다. 다행히 호텔 측에서 딱딱한 베개를 구해다 주어

서 잠을 잘 잘 수 있었다.

다음날 현지 업무를 마치고 난 후, 다음 목적지인 뉴욕으로 가서 우연

히 다시 리츠칼튼호텔에 묵게 되었다. 아무 생각 없이 방안에 들어간 그는

깜짝 놀랐다. 침대 위에 전날 밤 자신이 베던 것과 같은 딱딱한 베개가 놓

여 있는 것이 아닌가? 뉴욕의 리츠칼튼호텔이 어떻게 그것을 알았는지 그

저 놀라울 수밖에 없었다. 그는 호텔 측의 이 감동적인 서비스를 잊지 않

고 만나는 사람마다 그 호텔을 소개했다고 한다. 감동적인 서비스를 제공 받거나 매력적인 사람을 만나면 그 기억이 오래도록 남기 마련이다.

사실 일터에서 그리스도인으로 복음을 전한다는 것은 쉽지 않다. 그러나 복음을 전하고 그리스도인으로 살아간다는 것이 딱 잘라 어렵다고만 말할 수 없다. 리츠칼튼호텔의 감동 서비스를 소개했듯이 사람들에게 호감을 주고 좋은 인상을 주는 것이 직장 안에서 그리스도를 전하는 중요한 밑거름이 될 수 있다. "인자가 온 것은 섬김을 받으려 함이 아니라 도리어 섬기려 하고 자기 목숨을 많은 사람의 대속물로 주려 함이니라"(마 20:28). 이것이 바로 복음 전도의 키워드인 것이다.

매력적인 크리스천이 되기 위해서는 자신의 이미지를 메이크업할 필요가 있다. 한 연구가의 말에 따르면 첫인상의 80%는 외모와 표정과 제스처에 달려 있다고 한다. 예를 들면, 신입사원이 어느 회사에 면접을 보러 갔을 때 그의 첫 인상은 6초 내에 결정된다는 것이다.

심리학에서 '각인(刻印)'이란 머릿속에 강렬하게 인식되어 잊히지 않는 것을 의미한다. 인사만 잘해도 매력적이고 좋은 이미지를 사람들에게 심어 줄 수 있다. 볼테르는 "고마움을 잘 전달함으로써 남을 내 사람으로 능숙하게 끌어들일 수 있다"고 말한다. 인간관계를 잘 유지하는 일에 있어서 좋은 이미지를 주는 것만큼 쉽고 좋은 방법은 없다.

또한 사람들을 격려하고 칭찬하는 말을 통해서도 사람들에게 좋은 인상을 심어 줄 수 있다. 그리 크게 힘들이지 않아도 말을 통해서 좋은 이미지를 줄 수 있다면 왜 하지 못하겠는가? 마크 트웨인(Mark Twain)은 "칭찬 한마디 듣는 걸로 나는 두 달을 살 수 있다"고 말한다. 우리도 지금 당장 주변 사람들을 칭찬해 보자.

성경은 우리의 언어 습관에 대해서 분명하게 말한다. "무릇 더러운 말은 너희 입 밖에도 내지 말고 오직 덕을 세우는 데 소용되는 대로 선한 말을 하여 듣는 자들에게 은혜를 끼치게 하라"(엡 4:29).

사람들은 흔히 전도가 어렵다고 말한다. 일터에서도 전도하기가 힘들다고 한다. 그 이유로는 아마도 수십 가지가 있을 것이다. 그러나 직장에서 전도하기 어려운 이유를 한마디로 말한다면 맨입으로 하려고 하기'(?) 때문이다. 요한일서 3장 18절에서 "자녀들아 우리가 말과 혀로만 사랑하지 말고 행함과 진실함으로 하자"는 말씀이 바로 우리가 일터에서 전도할 수 있는 비결이다. 우리가 사랑함으로 주변 사람들을 감동시켜 우리의 매력을 발산할 수 있다면 비로소 전도를 할 수 있다.

크리스천 직장인의 브랜드 파워

'**브랜드 파워**'**란** 무엇

인가? 예를 들어 '볼보'라고 하면 '가장 안전한 차'라고 인식하는 것이 바로

그것이다. 세계 최고의 브랜드 파워를 가진 기업은 코카콜라인데, 그 가치

를 돈으로 환산하면 718억 달러다. 이는 우리나라 최고의 브랜드인 삼성보

다 무려 세 배나 더 큰 액수다.

외국에서도 유명해진 "명성황후"의 브랜드 파워는 100억을 넘는다. 나

이키는 더 이상 단순히 질 좋은 운동화나 운동복만을 의미하지 않는다.

그것은 소비자가 삶을 바라보는 태도이자 세상과 소통하는 방식과 직결된

다. 이것이 브랜드 파워의 영향력이다.

브랜드의 중요성을 환산하는 브랜드 자산 개념이 도입된 후 이제 브랜

드 파워는 기업의 사활이 걸린 문제가 되었다.

그렇다면 이 시대를 사는 크리스천의 브랜드 파워는 어떠한가? 초창기 한국 기독교 신자들은 세상에서 '크리스천'이라는 브랜드 이미지만으로도 충분히 정직하고 성실하며 믿을 만한 사람들로 인정받았다.

그러나 오늘날 크리스천의 브랜드 파워는 얼마나 될까? 성경에서 "한 생명이 천하보다 귀하다"(마 16:26)라고 하신 말씀을 기억하면 결코 사람의 가치를 돈으로 환산할 수 없지만, 중요한 것은 사람이 갖는 이미지의 가치, 즉 브랜드 파워에 대해서는 그리스도인들이 자신을 점검하고 돌아보아야 한다는 점이다.

크리스천이라는 가치에 어울리는 탁월함과 존귀함이 우리에게 있는지 한번 살펴보자. 크리스천으로서 나의 브랜드 파워는 일터에서, 동료 사이에서 분명히 드러난다. 시대에 뒤떨어진 직장인, 그리고 무언가 한 박자 늦게 가는 사람이 되어서는 곤란하다. 우리를 창조하신 하나님의 형상을 닮은 우리는 일터에서 주님의 가치를 보여 주어야 할 중인이다. 우리는 'Made in God' 브랜드를 가지고 있다.

이제 우리의 가치를 높이고 그분의 탁월함과 영향력을 보여 주어야 할 때이다. 또한 크리스천이라는 브랜드 관리를 위해 주님을 닮아가고 브랜드 파워의 가치를 높이는 투자가 필요하다. 우리가 흔히 먹는 음식도 브랜드의 가치를 높이기 위해 부단히 노력하고 있다. 장뿐만 아니라 위까지 지켜 준다는 요구르트, 머리가 좋아지는 우유, 치아를 튼튼하게 하는 껌, 기능성 라면 등, 모두 같은 것처럼 보이지만 차별성과 특이성을 강조하고 있다.

우리에게는 얼마든지 자신을 개발하고 발전시킬 수 있는 자원이 있다. 성경에서는 그것을 우리에게 약속하고 있다. "너희 중에 누구든지 지혜가 부족하거든 모든 사람에게 후히 주시고 꾸짖지 아니하시는 하나님께 구하라"(약 1:5)

하나님께 능력을 구하고 부단히 노력함으로써 우리는 브랜드 파워를 높이는 그리스도인이 될 수 있다.

위기 때에 드러나는 진짜 실력

넘실거리는 파도는 보통 사람들, 특히 수영에 미숙한 사람들에게는 죽음의 위협이 되지만 서핑을 즐기는 사람들에게는 짜릿한 도전이 될 수 있다.

오래 전 12호 태풍 프라피룬이 우리나라에 상륙했을 때 한 편의 인간 승리의 드라마가 펼쳐졌다. 태풍이 오자 배를 지키기 위해 도리어 바다에 나가 10시간 동안이나 파도와 사투를 벌인 끝에 배와 함께 생환한 어부가 바로 그 주인공이다.

우리나라 기상 관측 이래 가장 강한 바람(순간 최대 풍속 58.3m)이 불어 왔다는 제12호 태풍 프라피룬은 15m가 넘는 파도를 만들어 냈는데, 어부는 바로 그 파도에 맞서 자신과 자신의 생명줄인 목선을 지켜 냈던 것이

다. 이는 겁쟁이처럼 세상에서 안주하려고만 하는 우리 크리스천들에게
큰 도전이 된다.

그때 대부분의 어부들은 태풍을 피해 배를 방파제 뒤로 옮겨놓거나 배
를 육지에 끌어놓고 대피했다. 그러나 이 노인은 "굶어 죽으나 바다에 빠져
죽으나 마찬가지다. 배를 잃으면 나도 죽는 것이고 내가 죽으면 배도 필요
없다는 심정으로 배를 띄워 뱃머리를 정확히 파도 방향으로 맞추고 엔진
출력을 최대로 올려 거대한 파도를 향해 돌진해 나갔다. 파도가 칠 때 정
면으로 배를 몰아가지 않으면 파선할 위기 속에서 경력 40년 뱃사람의 진
가가 발휘되는 순간이었다. 파도에 부딪힐 때마다 뱃머리는 우지끈 소리를
내면서 하늘로 솟구쳤다. 그렇게 위로 솟구치다 거의 수직으로 떨어지는
것을 10시간 동안이나 반복했다. 그 사이 파도는 방파제 근처의 40톤급 배
두 척을 들었다 놓았다를 반복했고, 마침내는 그 배들을 육지로 내동댕이
쳤다. 이어서 방파제를 망가뜨리고 육지에 있는 배들까지 산산조각 냈다.

이 드라마 같은 사건의 주인공인 고홍산 씨(63세)는 이렇게 말했다.
"배를 육지에 끌어놓아도 부서질 것 같아 차라리 바다로 나갔습니다. 배
가 떠 있으면 상하지는 않으니까요." 그는 오히려 태풍을 향해 나아가서
자신의 목선을 구하는 뱃사람의 용기와 노련함으로 태풍과의 사투 속에
서 승리한 것이다.

노련한 비행사는 엔진에 쥐새끼가 들어가서 문제가 생기면 오히려 고

도를 높인다고 한다. 그러면 쥐는 기압을 이기지 못하고 죽는다. 문제가 생기면 문제와 함께 추락하는 것이 아니라 영적으로 비상(飛上)해야 살 수 있다.

그런데 오늘날 교회는 어떠한가? 혹시 세상을 피해 '경건'과 '거룩'이라는 도피성에 머물면서 세상을 두려워하고 있지는 않은가? 이제 교회는 세상을 정복할 탁월한 왕따들을 훈련시켜서 세상에 파송해야 한다. 이것이 한국 교회의 사명이다. 정말 이 세상은 탁월한 왕따들이 절실하게 필요하다. 크리스천들은 위기를 만날 때마다 뒤로 물러나거나 낙심하는 것이 아니라 위기 속에서 함께하시는 하나님을 경험하면서 그 탁월함을 보여야 한다. "우리는 뒤로 물러가 멸망할 자가 아니요 오직 영혼을 구원함에 이르는 믿음을 가진 자니라"(히 10:39).

크리스천들이여, 세상을 향해 나아가 우리가 하나님의 탁월한 왕따임을 온 세상에 증명해 보이자!

죽는 데도 자격이 필요하다

하만의 모략으로 이스라엘 민족이 말살당할 수밖에 없었을 때, 모르드개는 왕비 에스더에게 이렇게 말했다. "이 때에 네가 만일 잠잠하여 말이 없으면 유다인은 다른 데로 말미암아 놓임과 구원을 얻으려니와 너와 네 아버지 집은 멸망하리라 네가 왕후의 자리를 얻은 것이 이 때를 위함이 아닌지 누가 알겠느냐 하니"(에 4:14).

당시 왕에게 부름을 받지 않고 왕 앞에 나아가면 죽는 것이 법이었다. 에스더는 왕의 부름을 받지 못했음에도 불구하고 죽음을 무릅쓰고 왕 앞에 나아가 자기 민족의 구원을 위해 간청하기를 작정했다. 만약 에스더의 위치가 왕비가 아니었다면 그가 '죽으면 죽으리라'고 하면서 왕 앞에 나아

탁월한 왕따되기

가 민족을 구원할 수 있었을까? 이 사회가 변하지 않는 것은 에스더처럼 죽으면 죽으리라는 각오로 사회를 변화시킬 수 있는 위치에 있는 사람들이 방관적인 태도로 그리스도인의 역할을 다하지 못하고 있기 때문이다.

오늘날 세상에는 자신의 분야에서 중요한 위치에 있는 크리스천들이 많다. 그러나 그들은 자신의 위치에서 탁월하게 왕을 따르는 자로 살기를 주저하기에 큰 역사가 일어나지 않는다. 만약 하나님이 우리를 높은 지위에 두셨다면 그 이유는 무엇일까? 왕비 에스더처럼 바로 이때를 위함이다.

모세가 애굽에서 왕자의 수업을 받지 못했다면 민족을 구원하고 40년간 광야에서 리더십을 제대로 발휘할 수 있었을까? 다윗이 자기에게 맡겨준 양을 성실하게 지키기 위해 물맷돌을 돌리지 않았다면, 블레셋의 거인 장수 골리앗의 이마를 맞추어 그를 죽일 수 있었을까? 느헤미야가 왕의 측근 신하인 술 관원장이 아니었다면 예루살렘의 총독으로 부임하여 성벽을 재건하는 일을 제대로 할 수 있었을까?

준비된 사람이라면 하나님은 분명 그 사람을 사용하신다. 카네기가 말한 대로 "탁월한 사람은 어디에서도 드러나게 되어 있다." 에스더가 죽으면 죽으리라고 고백했던 것은 그가 능력을 발휘할 수 있는 위치에 있었고 동시에 하나님의 일을 감당할 준비와 각오가 되어 있었기 때문이다.

요셉은 두려워하는 형제들 앞에서 이러한 고백을 한다. "당신들은 나를 해하려 하였으나 하나님은 그것을 선으로 바꾸사 오늘과 같이 많은 백성의 생명을 구원하게 하시려 하셨나니"(창 50:20). 요셉이야말로 탁월한 능력을 지닌 사람이었기에 하나님이 기회를 주셨을 때 능력을 발휘할 수 있었다. 요셉은 그것을 형제들 앞에서 고백했던 것이다.

교회의 많은 젊은이들은 주님을 위해 헌신하고 하나님께 영광을 돌리기 위해 열성적으로 배우고 활동한다. 세상에 나가서도 주님을 위해 일하고 섬기기를 원하지만 현실 속에 부딪히는 많은 문제와 사단의 방해에 쉽게 무릎을 꿇고 만다. 그 이유는 무엇인가?

오늘날 세상에서는 실력과 위치가 그 사람을 말해 준다. 우리가 그런 세상의 풍조를 그대로 따라가야 하는 것은 아니지만, 우리가 이 세상에서 주님을 제대로 섬기기 위해서는 탁월한 실력을 쌓는 노력을 게을리해서는 안 된다. 탁월한 영성과 실력으로 우리가 준비할 때 이 땅을 변화시키고 직장과 세상 속에서 주님을 좇는 '탁월한 왕따', 즉 탁월하게 왕이신 주님을 따르는 자가 될 수 있다.

이 세상에서 능력과 지위로 검증된 사람 요셉, 느헤미야, 다니엘 이 세 사람은 정치인이었으며, 특히 이방 땅에서 인정받는 크리스천이었다. 이들을 보면 그리스도인들이 되도록 피해야 한다는 '정치계'가 하나님의 사람이 진출해야 할 곳임을 알 수 있다. 정치계에 나간다고 누구나 영향력을 발휘할 수 있는 것은 아니지만, 크리스천이 제대로 정치할 때에는 하나님의 영광을 드러낼 수 있다.

요셉은 그가 하는 일마다 사람들에게 탁월성을 인정받았다. 심지어는 감옥의 책임자가 요셉에게 그의 열쇠를 맡기고 전혀 돌아보지 않을 정도였다. 이 정도면 그의 성실성과 탁월성을 가히 가늠해 볼 수 있지 않은가?

느헤미야는 페르시아의 황제 아닥사스다 1세 때 술을 시중드는 높은 자리에 있었다. '술 시중드는 자'란 왕에게 잔을 손수 건네기 전에 왕의 술잔의 술을 맛보는 사람이다. 그는 당시 절대 권력자들을 향한 살해 음모가 상존했기에 술에 독이 들어 있지 않다는 것을 몸소 입증하는 측근 신하였다. 페르시아 제국의 안정과 아울러 그 막강한 통치자의 신변 보호란 지극히 중대한 문제였기에 그의 임용이 가볍게 이루어진 것이 아님을 알 수 있다. 그는 흔들리지 않는 생각, 날카로운 눈, 비상한 재치, 풍부한 상식, 솔선수범한 자세, 음모를 알아차리는 타고난 감각 등 개인적 자질이 매우 뛰어났던 사람이었다.

다니엘서 6장 4절은 세상 속에서 탁월했던 사람 다니엘의 모습을 잘 보여 준다. "… 국사에 대하여 다니엘을 고발할 근거를 찾고자 하였으나 아무 근거, 아무 허물도 찾지 못하였으니 이는 그가 충성되어 아무 그릇됨도 없고 아무 허물도 없음이었더라."

우리는 요셉이나 다니엘, 느헤미야가 높은 지위에 있었다는 사실만으로 탁월한 영향력을 행사했을 것이라고 생각하기 쉽다. 그러나 그들이 세상 사람들과 다르게 일했기에 탁월할 수 있었다. 그래서 그들은 세상 사람들에게도 인정받고 검증받은 탁월한 왕따로 일할 수 있었다.

21세기는
직장 사역 시대

위기 속의 직장인!

현대를 사는 직장인들은 삼중고(三重苦)를 겪고 있다. 실직에 대한 불안, 업무 과중, 비전 불투명이 바로 그것이다. 미국도 한때 외환위기를 겪었는데, 당시 직장인들은 점심시간에 사무실에서 샌드위치로 끼니를 때웠다고 한다. 그 이유는 밖에서 점심을 먹고 들어오는 사이에 자신의 책상이 없어지지 않을까 하는 염려 때문이다. 과장된 이야기인지도 모르지만 이는 해고가 일상화되어 있는 경제 불황에서 미국 샐러리맨들의 심정을 잘 대변해 준다.

그런데 이것이 바로 남의 이야기가 아닌 오늘 우리의 현실이 되었다. 우리나라의 실업자 수가 날로 늘어간다는 기사를 볼 때면 위기의 심각성을 더욱 느낄 수 있다. 우리 십 대들은 문화적 고아이며, 이십 대들은 사회로

탁월한 왕따되기

부터 버림받은 세대, 즉 졸업장과 동시에 수여된 실업면허증으로 고민하는 세대다. 삼십 대는 일회용 반창고, 즉 어설픈 지식을 다 써먹고 몇 년 후쯤에는 미국, 유럽의 실력파들에게 밀려날까 두려움을 느끼는 세대다. 사십 대는 이미 용도 폐기 언도를 받은 세대다. 이러한 사회 현실은 우리의 직장 문화를 바꾸어 가고 있다.

이러한 위기는 크리스천 직장인에게도 예외는 아니다. 인터넷이 일상화되면서 전 세계 직업의 70% 이상이 빠르게 변하고 있다. 즉 18세기는 산업 혁명, 19세기는 기술 혁명, 20세기는 정보 혁명, 21세기는 지식 혁명의 시대가 되었다.

오늘날 지식 혁명의 시대에 우리 직장인은 어떤 모습으로 살아가고 있는가? 삼십 대 엘리트 직장인이 이민을 가면서 남긴 말은 "한국 사회는 너무 경쟁이 치열해요. 매일 살아남으려고 바동거린다는 느낌밖에 들지 않아요"였다. 이러한 모습이 바로 현재 직장 속에서 살아가는 평범한 샐러리맨의 자화상이다.

이들이 바로 세상 속에 살아가는 우리네 크리스천이다. 이들은 날마다 신앙과 삶의 틈바구니에서 갈등을 겪고 있고, 여느 사람들과 동일하게 퇴출 증후군을 경험하면서 살아간다. 주님은 제자들을 세상에 보내시면서 "보라 내가 너희를 보냄이 양을 이리 가운데로 보냄과 같도다 그러므로 너희는 뱀 같이 지혜롭고 비둘기 같이 순결하라"(마 10:16)고 말씀하셨다.

수많은 그리스도인은 직장에서 또는 삶의 현장에서 주님의 말씀을 따라야 한다는 것을 알면서도 용기가 없어 그렇게 살지 못한다. 또는 알지 못하기 때문에 세상에서는 세상의 방식대로 살아가다가 교회에서는 교회의 방식대로 살아가는 이중적인 모습을 보인다.

이제 갓 예수님을 믿은 한 크리스천을 상담할 기회가 있었다. 그는 "예수님을 믿어 구원받는 것은 좋은데 현실 속에서 너무 많은 갈등이 있어요. 차라리 몰랐더라면 마음 편하게 살 수 있었을 텐데 지금은 갈등이 많습니다"라는 말을 했다. 그 말을 들으면서 형제가 어떻게 사는 것이 복잡하고 경쟁적인 세상에서 그리스도의 방법으로 살아가는 것인지 현장에서 직접 가르치고 도와야겠다는 생각이 들었다.

이러한 변화 속에서 크리스천이 어떻게 하면 주님을 따르는 탁월한 왕따가 될 수 있을지 교회는 대안을 제시하고 그들을 훈련해야 한다. 또한 크리스천 직장인도 세상의 변화를 인식하고, 어떻게 하면 이 위기를 극복할 수 있을지 고민해 봐야 한다.

이제 평생직장은 없다

사람들은 인생의 60%를 일터에서 보낸다. 직장을 위해 헌신한다고 말해도 그리 틀린 말은 아니다. 그러나 요즘 우리 사회는 직책의 높고 낮음을 불문하고 엄청난 수의 사람들이 일자리를 박탈당하고 있다. 이제 이런 현상은 더 이상 놀랄 일도 아니다. 직장에 대한 종래의 개념이 무너지고 있다.

요즘과 같은 고실업 시대에도 3D 업종은 인력난에 시달리고 있다. 사실 앞으로의 3D 직종은 더럽고(Dirty), 위험하고(Dangerous), 어려운(Difficult) 일이 아니다. 새로운 3D 직종이 각광받고 있다. 정보통신(Digital), 바이오(DNA), 디자인(Design)과 관련된 일을 중심으로 산업이 재편되고 있다.

그리고 평생직장에서 평생직업의 시대가 시작되었다. 평생직장의 개념이 평생직업으로 대체되고 사회가 디지털 시대로 변함에 따라 직업인들도 그에 맞게 적절한 대응을 해야 할 필요가 생겼다. 디지털 시대에 아날로그적 사고로 일하면 실업자가 되는 것은 시간문제다. 디지털 시대에 맞는 인재가 되도록 철저하게 경력 관리를 해야 한다. 디지털 시대에 맞는 경력 관리는 이제 직업인에게 선택의 문제가 아니라 필수 사항이 되었다.

요즘은 구조조정의 대상이 사오십 대에서 이삼십 대로 내려가고 있다. 삼십 대의 경우에는 경험도 제대로 쌓지 못하고 모아 놓은 돈도 없기 때문에 실업자가 되면 사회적으로 사형선고를 당한 셈이다. 이십 대는 출발도 제대로 못한 상태에서 영원한 실직자가 되는 것은 아닌지 불안을 안고 살아갈 수밖에 없다. 그래서 이제는 모든 계층의 직업인들이 불안해하고 있다.

반면 최근 멀쩡하게 일 잘하던 삼사십 대 직장인들 가운데 전직(轉職)을 꿈꾸는 사례가 늘고 있다. 이런 현상은 구조조정 등의 영향으로 평생직장 개념이 무너졌기 때문이다. 구조조정이라는 태풍은 언제나 우리 곁에 가까이 있음을 기억해야 한다. 바로 우리의 주변에 가까운 현실로 자리 잡고 있는 것이다.

구조조정과 퇴출로 생계의 위협과 장래의 불안을 느끼면서 거리를 헤매고 가정의 위기를 맞아야 하는 사람들은 과연 누구인가? 그리스도인은 모든 환난과 해고의 위기를 면제받은 사람들인가? 그리스도인이라고 이러한 사회적 환경의 변화에서 안전할 수는 없다. 어쩌면 세상 사람보다 더 많은 위험에 노출될지도 모른다. 그래서 위기를 겪을 때마다 회의적인 반응을 보이면서 하나님께 항의할지도 모른다.

그렇다면 과연 이러한 경제적 위기를 주도하는 사람은 누구인가? 우리는 우리에게 닥친 위기를 만드신 분이 바로 하나님이라는 인식을 해야 한다. 그렇다면 왜 이러한 위기가 왔는가? 우리는 그동안 하나님을 구주로만 인정했지, 그분을 우리 삶의 주권자로 인정하지 않았다. 마음과 삶의 영역에서 주님을 인정해야 하지만, 대부분의 그리스도인은 마음으로만 하나님을 믿고 삶 속에서는 하나님의 주권을 인정하지 않는 이중적인 삶을 살아 왔다.

그러나 하나님은 분명히 말씀하신다. "네가 만일 네 입으로 예수를 주로 시인하며 또 하나님께서 그를 죽은 자 가운데서 살리신 것을 네 마음에 믿으면 구원을 받으리라 사람이 마음으로 믿어 의에 이르고 입으로 시인하여 구원에 이르느니라"(롬 10:9-10).

마음으로만 믿지, 입으로 자신을 당당하게 그리스도인으로 시인하지 않는 크리스천이 많다. 그래서 우리는 세상에서 정직하지도 성실하지도 못한 삶을 살고 있다. 이제 우리는 날마다 직장에서 일하는 것이 단순히 우리의 생계를 위한 것이 아니라 하나님이 우리에게 맡긴 사명이라는 사실을 인식해야 한다.

그렇다면 우리는 직장생활에서 누구의 눈을 의식하고 살아야 하는가? 직장 상사나 사장이 아니라 바로 하나님이다. 우리는 청지기의 중요한 세 가지 인식이 있어야 한다. 첫째, 내가 주인이 아니다. 둘째, 내게 맡겨 주신 일이 있다. 셋째, 일에 대한 결산이 있다. 당신이 다니는 회사의 사장은 바로 하나님이시다.

사무엘상 2장 6-7절에는 "여호와는 죽이기도 하시고 살리기도 하시며 스올에 내리게도 하시고 거기에서 올리기도 하시는도다 여호와는 가난하게도 하시고 부하게도 하시며 낮추기도 하시고 높이기도 하시는도다"라는 말씀이 있다. 여기서 알 수 있듯이 하나님은 우리 삶의 전 영역을 주관하시는 분이다. 그렇다면 우리는 하나님이 맡겨 주신 일을 게을리 해서는 안 된다. 하나님은 "여호와의 일을 게을리 하는 자는 저주를 받을 것이요"(렘 48:10)라는 말씀을 통해 하나님의 일을 게을리 하는 자에 대해 경고하고 계신다. 지금 나는 하나님이 내게 맡겨 주신 일을 게을리 하는 직장인은 아닌가? 일터에서 당신을 높이는 분이 하나님이심을 잘 알아야 한다. "무릇 높이는 일이 동쪽에서나 서쪽에서 말미암지 아니하며 남쪽에서도 말미암지 아니하고 오직 재판장이신 하나님이 이를 낮추시고 저를 높이시느니라"(시 75:6-7). 하나님을 일터의 주인으로 인식해야 일터에서 겪는 모든 문제를 제대로 해결할 수 있다.

두 얼굴의 사나이, 직장인

한국 사회의 남성들을 보면 이 사회가 다중인격 사회임을 알 수 있다. 가정에서는 자상한 아빠, 직장에서는 일 중독자, 회식 장소에서는 터프 가이…. 그들은 때에 따라 범법자의 모습으로 살아간다. 원칙을 지키면서 한 가지 인격과 동일한 얼굴로 살면 융통성 없는 인물로 낙인찍히기도 한다.

설문조사에 따르면 우리 사회는 정당한 노력만으로 성공하기 힘들다고 대답하는 직장인이 58%나 되었다. 왜 그렇게 생각하는 것일까? 한국 사회는 자신을 드러내고 살기보다는 남을 의식하면서 사는 문화가 저변에 깔려 있기 때문이다. 인터넷에서도 익명성이라는 특성과 함께 두 얼굴의 인격체가 양산되고 있다.

첨단의 거리 테헤란로와 압구정동에 넘쳐나는 '사주(四周)카페'는 무엇을 말하는가? 시공을 뛰어넘는 전생 체험 열풍에 대한 기사를 우리는 심심찮게 접하는데, 이것은 또한 무엇을 말해 주는가? 바로 사회가 불안하여 사람들이 미래에 대한 확실성을 보장받지 못하고 있다는 사실을 알려 준다. 어쩌면 이 글을 읽고 있는 크리스천 중에도 이러한 카페의 애용자가 있는지도 모르겠다.

구약성경 사사기를 보아도 사사가 있던 시기에는 평안했고 백성들은 하나님을 섬겼다. 그러나 사사의 부재와 하나님과의 교제가 끊긴 시대는 언제나 우상숭배와 더불어 향락과 범죄가 판쳤다. 어쩌면 지금이 그런 영적인 진공상태일지도 모른다.

세계적인 베스트셀러가 된 토머스 스탠리(Thomas Stanley)의 『백만장자 마인드』라는 책에서 그는 고소득을 올리고 있는 사람들을 대상으로 설문 조사를 했다. 그 조사에 따르면 그들이 경제적 성공이라고 꼽는 다섯 가지 요인을 살펴보면 진실성, 자기 관리, 사회성, 내조·외조를 잘하는 배우자, 성실성 등이었다. 행운이나 요행을 언급하는 대목은 하나도 없었다. 결국 성공하는 사람들의 사고에는 운이나 요행을 바라는 경향이 없다는 것을 보여 준다. 또 한 가지 주목해야 할 사실은 진실성, 도덕적 가치관과 더불어 신앙심이 깊었다는 것이다.

성경은 재물 얻을 능력을 하나님이 주신다고 말한다. 신명기 8장 18절에서 "네 하나님 여호와를 기억하라 그가 네게 재물 얻을 능력을 주셨음이라"고 하신 약속을 믿어야 한다. 결국 이 시대의 경제적인 혼란과 장래에 대한 불안감을 극복하고 진정으로 가치 있는 삶을 살기 위해서는 분명한 직업관을 가져야 한다. 또한 투기(投機)를 그만 두고 하나님을 성실하게 의지하며 투자할 대상과 가치를 분명하게 정해야 한다. 그렇게 함으로 우리는 첨단을 가장하여 가면을 쓰고 나타나는 사주의 문화를 건전한 그리스도의 문화로 바꿔야 한다.

우리 크리스천은 세상 속에서 어떻게 살아가야 하는가? 나는 사람을 두려워하는가? 아니면 하나님의 눈을 더 의식하는가? 아침 일찍, 또는 사람이 많은 곳에서 신호를 위반하고 가는 사람들을 이제 예사로이 볼 수 있다. 오히려 신호를 제대로 지키면 보행자도 없는데 멈췄다고 경적을 울리고, 심하면 욕설을 듣는 사회가 되어 버렸다. 만약 자신의 이름을 걸고 운전한다면 난폭하게 운전하고 함부로 사람들에게 욕할 수 있을까? 그런데 이런 부류 속에 그리스도인들은 없다는 말인가?

잠언 29장 25절에서는 '사람을 두려워하면 올무에 걸리게 되거니와 여호와를 의지하는 자는 안전하리라'고 말씀하고 있다. 이제 그리스도인들은 사람보다는 하나님의 눈을 더 의식하며 살아야 한다.

오늘날 왜! 직장 사역이 필요한가?

한 사람이 일생 동안 깨어 있으면서 가장 많이 시간을 보내는 곳은 어디인가? 바로 직장이다. 어떤 사람이 25살부터 직장생활을 시작해서 65세에 은퇴한다고 가정해 보자. 근무 시간을 연 2,000-2,500시간으로 계산해 본다면 40년 동안 8-10만 시간을 직장에서 일하는 셈이다. 일주일 중 엿새 동안을 교회가 아닌 세상에서 보낸다면 24시간 중 잠자는 시간을 제외한 대부분을 일터에서 보내는 것이다.

이러한 수치적 상황을 감안해 보면 이제 교회는 성도들이 세상 속에서 어떻게 크리스천답게 살아가고 일터에서 승리할 수 있는지를 가르쳐 주어야 한다. 또한 일터에서 그들이 주님의 탁월함을 따라 '정상'에 서서 하나님의 나라를 세우는 일을 할 수 있도록 돕고 훈련해야만 한다. 위치는 참으로 중요하다. 어느 위치에 있느냐에 따라 싸움의 승패가 달라지기 때문이다.

1815년에 있었던 역사적인 워털루 전쟁에서 나폴레옹은 양동 작전을 펼쳐서 웰링턴의 중심에 있는 군대를 유인하려 하였다. 하지만 철인 남작(Iron Duke: 웰링턴의 별칭)은 속지 않았다. 그가 유리한 위치에서 모든 전황을 한눈에 내려다보았기 때문이다. 그는 나폴레옹의 군대 전술을 금방 눈치 챌 수 있었다. 결국 정상에 서서 유리한 위치를 점유하면 전쟁에서 승리할 수 있다.

그런 의미에서 젊은 그리스도인들은 세상의 정상을 정복해야 한다. 전쟁에서 이기기 위해 필요한 것은 '영성과 훈련'이다. 19세기 복음주의 개혁자였던 샤프츠베리(Shaftebury) 백작은 "영적인 원칙과 윤리적 원칙을 가르치지 않는 교육은 약삭빠른 마귀들만을 배출할 뿐이다"라고 지적했다. 또한 자동차 운전면허증으로 비행기를 조종할 수 없듯 직장에 대한 전문적인 가르침이 꼭 필요하다고 강조한다. C.S 루이스는 "하나님의 나라를 겨냥하라. 그러면 땅도 곁들여서 받을 것이다. 그러나 땅의 것들을 겨냥한다면 아무것도 얻지 못할 것이다"라고 말했다.

우리나라 이삼십 대의 젊은이들 중 52.1%가 어떻게 사는 것이 옳은지 모를 때가 많다고 대답했다고 한다. 가치관의 혼란을 겪고 있는 것이다. 또한 직장생활 중 많은 크리스천이 직장 안에서 부적응과 어려움을 호소하고 있다.

직장인들을 만나 대화하거나 상담할 때 그들이 자주 토로하는 어려움은 인간관계에서 갈등을 겪거나 업무의 탁월성을 유지하기가 힘들다는 것이다. 우리 크리스천 직장인들이 안고 있는 이러한 문제가 예상 밖으로 심각하다는 사실을 알고 놀랐다. 무명으로 메일을 통해 상담을 요청한 한 자매의 사연이 크리스천 직장인들의 고민을 잘 나타내 준다.

"저는 직장생활을 시작한 지 5년 정도 되었습니다. 저는 성격이 내성적인 편이라 직장생활이 유난히 힘들었습니다. 회식자리에서 술을 마시지 않는다고 상사에게 호되게 혼난 적도 있고 미움도 많이 받았습니다. 한번은 저희 부서장님이 저보고 큰소리를 친 적도 있습니다. '당장 퇴사해!' 벌써 2년 전의 일이 되어 버렸지만 아직도 전 그 소리가 귀에 쟁쟁합니다. 너무나 힘들었습니다. 사람들과 웃으며 지내고 싶은데 제게 짜증도 잘 내고 별로 저를 좋아하지 않는 것 같았습니다. 혼자서 가슴앓이를 많이 했습니다. 화장실에서 많이 울기도 하고요. 교회에 가면 너무 기쁘고 맘이 편해서 활짝 잘 웃을 수 있었습니다. 이런 이중적인 모습을 어느 순간 발견했을 때 저는 가슴이 철렁 내려앉았습니다. 저의 단점도 말씀드리겠습니다. 저는 적응력이 느린 편이라 사람들과 친해지는 데 시간이 많이 걸립니다. 그래서 부서에서도 많이 힘들었습니다. 입사 초기부터 실수를 많이 했고 그래서 이제는 작은 실수를 하더라도 어느새 움츠러드는 저의 모습을 보면 답답합니다. 퇴사를 수도 없이 생각했지만 경기도 좋지 않았고, 겁도 나고, 부모님도 걱정되었습니다. 그런데 제가 점점 신경질적이고 사람들 사이에서 트러블을 만드는 사람이 되었습니다. 좀 심각합니다. 정신과에도 가 보려 했습니다. 이런 제가 크리스천이라는 걸 모두 압니다. 얼마나 저에 대해 욕을 할까요?”

이 직장인의 모습이 바로 우리 교회 안에 있는 크리스천 직장인들의 위기 상황이다. 이런 개인적인 어려움뿐만 아니라 아래에서 치고 올라오고 위에서 누르는 현실에서 살아남기 위해 크리스천 직장인들은 안간힘을 쏟고 있다.

이제 교회는 이런 현실의 문제를 이해하고 그들을 돕고 탁월하게 사역할 수 있도록 직장 사역의 시대를 교회 안에서 열어야 한다.

목회의 패러다임 시프트

우리 몸 안에 수분이 2% 부족하면 갈증을 느끼고, 5% 부족하면 탈진하게 되며, 12% 부족하면 사망에 이른다고 한다. 우리 교회는 지금 몇 퍼센트의 수분이 부족한 것일까? 아마도 2% 부족한 상태가 아닐까 생각한다.

지금까지는 목회를 일반 목회와 특수 목회로 구분했다. 그러나 이제는 지역교회 목회와 전문 목회로 분리해야 할 때가 왔다. 왜냐하면 사회가 다원화되면서 이제는 그 분야의 전문목회가 이루어져야만 하는 시대가 되었기 때문이다. 직장에서 만나는 신자들이 터뜨리는 불만이 교회 목회자가 직장의 상황을 너무 모를 뿐만 아니라 직장에 대한 이해가 없다는 것이다.

일터는 성도들이 엿새 동안 예배를 드리는 장소이다. 우리가 기억해야 하는 것은 웨슬리나 루터 그리고 칼빈은 한 교회만을 목회했던 목회자가 아니라 세상을 대상으로 목회했던 목회자였다는 것이다. 그들이 세상을 대상으로 목회할 수 있었던 것은 탁월함과 비전을 갖춘 '전문 목회자'였기 때문이다.

한 세대를 특징짓는 가치관의 틀을 패러다임(Paradigm)이라고 한다. 이 말은 토마스 쿤(Thomas Kuhn)이라는 과학자가 처음 사용한 말로 '당대의 보통 사람들이 생각하는 사고방식'이라는 뜻이다. 기성세대는 밥과 경험을 중시하는 패러다임이라면, 신세대는 문화와 정보를 중시한다. 이것은 시대와 부합하는 패러다임의 변화가 필요하다는 것을 알려 준다.

이제 필드를 모르거나 무시하는 목회는 안 된다. 세상을 이해하고 전문적인 영역을 목회하는 '목회 패러다임'의 전환이 절실히 필요하다. 교회도 성도들의 구원과 교회 생활의 충만함뿐만 아니라 세상 속에서 삶의 질을 높이고 탁월하게 주님을 섬기며 세상을 정복하는 방법을 가르치는, 세상에서 경쟁력을 지닌 그리스도인으로 훈련시킬 수 있는 전문적인 사역에 대한 패러다임의 전환이 이루어져야 한다.

이제 이러한 패러다임의 전환을 위해서 직장 심방의 시대를 열어야 한다. 캐나다에서 이민목회를 할 때 심방은 언제나 가정보다는 일터나 직장으로 더 많이 갈 수밖에 없었다. 그 이유는 대부분의 신자들이 이민사회의 특성상 부부가 함께 일하고 있었고, 또 그렇게 해야만 하는 사회구조를 갖고 있었기 때문이다. 그들은 하루 중 대부분의 시간을 직장에서 보냈기 때문에 가정으로 심방을 가면 만나지 못했다. 그래서 언제나 직장으로 심방을 갔는데 교회와 일터에서의 모습이 너무 달라서 힘들어하는 것을 목격하곤 했다.

일터에서 만난 성도들의 이야기를 들어보면 교회와 일터에서의 자기 모습이 달라서 고민하는 것을 볼 수 있었다. 그 이유는 무엇인가? 그동안 교회에서는 어떻게 하면 좋은 신자가 될 수 있는지에 대해서는 가르쳤지만, 삶의 현장인 직장에서 어떻게 크리스천으로 자리매김할 것인지에 대해서는 제대로 가르치지 못했기 때문이다. 그래서 '일상목회'를 제안한다. 이제 목회자들은 성도의 삶의 현장을 이해하고 그들의 고민을 들어주며 공감대를 형성할 수 있는 그들의 삶의 터전으로 직접 달려가야 한다.

예수님의 사역도 직장 사역으로부터 시작되었다. 첫 제자를 부르신 장소가 바로 베드로가 일하고 있었던 바닷가, 즉 어부들의 일터였다. 그리고 예수님의 제자들은 모두가 직장인이었다. "갈릴리 해변에 다니시다가 두 형제 곧 베드로라 하는 시몬과 그 형제 안드레가 바다에 그물 던지는 것을 보시니 그들은 어부라 말씀하시되 나를 따라오라 내가 너희를 사람을 낚는 어부가 되게 하리라 하시니"(마 4:18-19).

우리는 그동안 예수님의 사역을 단순히 회당에서만 사역하셨던 것으로 생각해 왔다. 그러나 정확히 보면 예수님의 관심은 삶의 현장인 일터에 있었다. 또한 성경의 수많은 인물들이 일터에서 부름을 받았다. 기드온은 타작마당에서, 모세나 다윗은 양치기를 할 때, 마태는 세관에서, 룻은 이삭을 줍는 들판에서, 에스더는 페르시아의 왕궁에서 왕비로서 최선을 다할 때 하나님의 부르심을 받았다.

우리는 예수님의 첫 사역이 직장 사역이었음을 인식하면서 예수님께서 일터를 중요하게 생각하고 사역하셨듯 오늘 우리도 직장 사역이 교회의 사역임을 인식해야 한다.

시대를 분석하고 일을 즐겁게 한다면

직업은 영어로 'Profession'인데, 이 단어에는 '자신만의 가장 깊은 확신을 고백한다'는 '고백(Profess)'의 의미가 담겨 있다. 다시 말하면, 그 사람의 직업은 그 사람의 '인생 고백'이라는 것이다. '일은 자기 삶의 표현'이라는 말도 같은 의미이다. 서양 사람들에게는 이런 고백적 의미의 이름이 많다. 가령 엘리자베스 테일러는 그녀의 조상의 직업이 테일러(Tailer), 즉 재단사였다. 베이커(Baker)는 베이커리, 즉 '빵 굽는 사람'이었고, 스미스(Smith)는 '대장장이'의 집안사람이었다.

종교 개혁자 마르틴 루터는 매우 혁명적인 발언을 했다. 당시 영적인 사람이란 수도원에 들어가서 거룩하게 사는 것을 말했고, 그 외의 것은 모두 세속적인 것이라고 생각하는 것이 일반적이었다. 그런데 그는 "농부나 노예나 상인의 일도 하나님의 영광을 위해 일하면 거룩한 직업"이라고 말했다. 직업에 대한 혁명적 발언이 아닐 수 없었다.

어떤 책을 읽다가 직업에 관한 재미있는 내용을 보았다. 제목은 "천벌 받을 죄"인데 "첫째는 의사 면허로 연약한 환자들을 등쳐먹는 것, 둘째는 목사 직분으로 죄인들을 이용하여 밥 벌어먹고 사는 것"이었다. 이것은 무엇을 함축하고 있는가? 쉽게 말하자면 그 사람의 진정한 고백이 직업 속에 표현되지 않는다면 그것은 '가짜 인생'이라는 것이다.

크리스천은 그 이름에 걸맞게 직업을 선택해야 한다. 『지구의 불행한 사람들』이라는 책을 쓴 르란츠 파농은 "다리를 건설함에 있어서 그 일을 하는 사람들의 의식이 질적으로 높지 못하다면 그 다리는 건설되어서는 안 된다"라고 말했다. 크리스천 직업인들이 하는 일은 반드시 자신의 신앙 고백이 담겨 있어야 한다. "내가 만들고 있는 것은 도자기가 아니라 내 자신이다"라고 어느 도예가는 말했다. 우리는 이와 같이 일하고 있는지를 돌아보아야 한다. 일은 하나님 앞에서 우리의 인생을 발견하는 길이다.

심장병을 연구하고 있는 매사추세츠 의학 연구소의 논문에 따르면 조사자에게 '행복하십니까?', '직업에 만족하십니까?'라는 두 가지 질문을 던진 결과 '그렇다'고 대답한 사람은 심장병에 걸리지 않을 확률이 반대 경우에 비해 지극히 낮게 나타났다고 한다. 즉 자신의 일을 즐거워하고 의미를 발견할 수 있다면 직장은 좋은 의미로 다가오리라 생각한다. "그러므로 나는 사람이 자기 일에 즐거워하는 것보다 더 나은 것이 없음을 보았나니"(전 3:22).

셰익스피어는 "좋아하는 일을 할 때 우리는 아침 일찍 일어나게 된다. 그리고 기쁜 마음으로 집을 나서게 된다"고 말했다. 우리 크리스천이야말로 하나님이 주신 일을 즐겁게 할 수 있도록 준비해야 하지 않겠는가?

지피지기(知彼知己)면 백전백승(百戰百勝)이라고 했듯 시대를 제대로 분석하고 우리 시대의 직장인들에 대한 이해를 분명히 할 때 직장 사역을 통해 성도들의 세상 속 순례의 길에 빛을 비추어 줄 수 있을 것이다. 이제 크리스천 직장인들이 일터의 현장에서 자신의 일을 즐겁고 보람되게 할 수 있도록 교회의 리더들이 깨어 있어야 할 때이다!

일의 의미 재발견

"과연 내가 이렇게 열심히 일한다고 무슨 변화가 있겠어? 그냥 일하는 거지!" 직장에서 가장 방해가 되는 것은 '넌 크리스천'이 아니라 '무늬만 크리스천'이다. 그들은 일의 의미를 생계유지나 교회헌금 목적 외에는 별다른 데 두지 않는다. 그래서 그들은 직장 사역이 왜 필요한지 알지 못하고 하나님이 자신을 일터에 파송하신 것을 이해하지 못한다. 또 다른 한 부류의 명목상 크리스천 직장인들은 열심히 직장에서 복음을 전해 보았지만 열매를 맺지 못해 자포자기하기도 한다.

벤 패터슨(Ben Patterson)이 쓴 책에 소개된 감동적인 이야기가 있다. 엘머 벤디너(Elmer Bendiner)는 제2차 세계대전이 끝날 무렵 독일로 폭격을 나갔던 B-17 폭격기에 대한 놀라운 이야기를 전했다. 그 폭격기는 수차례나 대공포탄을 맞았다. 어떤 때는 직접적으로 연료통을 맞기도 했다. 그러나 기적적으로 그 폭격기는 추락하지 않았다. 폭격기가 착륙했을 때 연료통에서 폭발되지 않은 20mm 대공포탄 11개를 꺼냈다. 분해된 포탄을 보니 놀랍게도 모두가 다 화약이 없는 빈 껍데기였다. 그중 한 포탄 속에 체코말로 간단한 글이 쓰여 있었다. "이것이 우리가 당신을 위하여 할 수 있는 전부입니다." 독일군의 군수공장에서 일하는 체코 지하 저항군의 멤버 한 사람이 대공포탄 제조 라인에서 20mm 대공포탄 폭약 11개를 빼 버렸던 것이다. 한 노동자의 이 조용한 행동이 나치에 맞선 연합군에 승리를 가져다주었다.

변화된 크리스천 한 사람이 일터 속에서 그 역할을 감당한다면, 분명 보이지 않는 작은 몸짓이지만 그것이 하나님 나라를 이 땅에 회복시키는 출발점이 될 것이다. 오늘 우리 크리스천은 이 사실을 인식해야 한다.

우리가 일터에서 감당하는 일은 생계유지의 수단을 넘어 그 자체가 주님을 섬기는 예배이고 살아 있는 믿음의 표현이다. 따라서 일은 예배이고 직장은 예배의 장소이다. 사도 바울은 분명히 말하고 있다. "그러므로 형제들아 내가 하나님의 모든 자비하심으로 너희를 권하노니 너희 몸을 하나님이 기뻐하시는 거룩한 산 제물로 드리라 이는 너희가 드릴 영적 예배니라"(롬 12:1). 일과 예배를 가리키는 성경 용어들은 놀랍게도 신약과 구약에서 그 의미가 동일하다.

한 예배당을 짓기 위해 석공 세 사람이 각각 석재를 쪼고 있었다. 어떤 사람이 지나가다 보니 다들 똑같은 일을 하고 있는데 석공 세 사람의 얼굴 표정이 각각 달랐다. 첫 번째 석공은 얼굴에 불평이 가득했는데 "목구멍이 원수다!"라고 투덜거리면서 일을 하고 있었다. 두 번째 석공은 담담한 표정으로 일을 했는데 왜 일하느냐고 묻자 "처자식 먹여 살리려고 일하지요!"라고 하면서 계속 돌을 쪼았다. 세 번째 석공은 자기 일에 신바람이 나서 기쁜 마음으로 일을 했다. 그에게 왜 일을 하느냐고 묻자 "나는 돌을 쪼고 있는 것이 아니라 하나님의 아름다운 성전을 건립하고 있습니다!"라고 말했다. 석공 세 명은 한 장소에서 같은 일을 하고 있었지만 전혀 다른 의미의 직업관으로 일했던 것이다. 누가 과연 가장 바람직한 일을 했는가?

로렌스 수사는 수도원의 요리사였는데 『하나님의 임재연습』이라는 책에서 이렇게 말했다. "나는 하나님에 대한 사랑으로 프라이팬의 조그만 오믈렛을 뒤집었다. 그 일이 끝나고 달리 할 일이 없을 때에는 바닥에 엎드려 그 오믈렛을 만들도록 은혜를 주신 하나님을 경배했는데 그런 후에 나는 왕보다 더 행복한 마음으로 일어났다."

오늘 우리도 일터에서 이런 고백을 할 수 있어야 하지 않겠는가? "그러므로 나는 사람이 자기 일에 즐거워하는 것보다 더 나은 것이 없음을 보았나니"(전 3:22).

시위를 막기 위해 전투경찰들이 타고 다니는 버스에 '이동파출소'라는 문구가 있는데 그것을 보면서 나는 이런 생각이 들었다. 만약 이동하는 파출소가 있다면, 이동하는 교회도 있어야 하지 않을까? 바로 그리스도인을 '이동교회' 또는 '움직이는 지성소'라고 불러야 하지 않을까? 그리스도인이 각자의 일터에서 '이동교회'의 역할을 감당할 때 우리의 일터는 그야말로 하나님께 예배를 드리는 온전한 지성소가 될 수 있을 것이다.

신우회는 친교 모임인가?

교회에서 예배를 드리는데 왜 직장에서도 굳이 예배를 드려야 하느냐고 항의(?)하는 사람을 자주 만난다. 그때마다 나는 히브리서 10장 24절의 말씀으로 권면한다. "서로 돌아보아 사랑과 선행을 격려하며." 분명한 것은 우리 크리스천이 살벌한 일터 현장에서도 서로 돌아보고 격려하는 아름다운 모습으로 세상을 복음으로 감싸 안아야 한다는 것이다. 이러한 역할을 위해서 크리스천들은 일터에서도 모여야 한다.

주님은 우리가 교회에서만 열심히 믿고 사랑을 실천하는 그리스도인이 되기를 원하지 않으신다. 예수님은 우리가 아직 그리스도를 알지 못하는 직장 동료에게 그리스도를 전해 우리를 통하여 그들이 주님 만나기를 원하신다.

그렇다면 우리 일터의 동료들이 그리스도를 만날 수 있는 곳은 어디인가? 교회도 가능하겠지만 어떤 직장에나 자리 잡고 있는 크리스천들의 공동체인 신우회가 이 일에 가장 적합하다고 생각한다. 신우회를 통해서 우리 직장 동료들이 더욱 쉽게 그리스도를 만날 수 있다. "그러나 너희는 택하신 족속이요 왕 같은 제사장들이요 거룩한 나라요 그의 소유가 된 백성이니 이는 너희를 어두운 데서 불러 내어 그의 기이한 빛에 들어가게 하신 이의 아름다운 덕을 선포하게 하려 하심이라"(벧전 2:9).

하나님은 우리를 통해 그분이 선전되기를 원하신다. 많은 사람이 신우회를 그리스도인의 친교 모임(?)으로 여기는 것 같아 무척 아쉽다. 제 맛을 잃지 않은 소금과 같은 신우회는 이제까지의 단순한 친교 모임 이상의 의미를 가져야만 한다. 따라서 신우회는 이제 정체성을 회복해야 한다. 신우회는 그리스도인의 모임을 뛰어넘어 선교하는 역할을 감당해야 한다. 특별한 장소에서 특별한 사람들에게 복음을 전할 수도 있지만, 가장 좋은 전도 방법은 삶을 통해서 하는 전도이다. 직장인이야말로 일터가 가장 보편적인 삶의 터전이 아닌가? 성경은 말한다. "어느 때나 하나님을 본 사람이 없으되 만일 우리가 서로 사랑하면 하나님이 우리 안에 거하시고 그의 사랑이 우리 안에 온전히 이루어지느니라"(요일 4:12). 믿지 않는 사람들 중에 하나님을 본 사람은 없겠지만 그리스도인의 모임인 신우회를 통해 그리스도를 발견하게 하고 그분을 만나게 해 주어야 한다. 이것이 신우회의 가장 기본적인 역할이다.

가정이 왜 중요한가? 그것은 가정에서 사랑을 경험하고 자신의 정체감을 발견하며 계속적인 공급과 격려를 받기 때문이다. 처음부터 교회에 나가자고 하면 사람들은 거부감을 갖는다. 그러나 자연스럽게 일터에서 그리스도인들을 만나고 그 속에서 예수님의 사랑을 전해 주면 결국 그들은 지역 교회에 나가 말씀으로 양육받고 영적 성숙을 경험할 수 있다. 그런 과정을 신우회가 도와줄 수 있다.

미국과 핀란드 그리고 스웨덴 사람들 3만 7천 명을 대상으로 연구한 결과 혼자 사는 것이 담배를 피우는 것만큼 좋지 않다는 사실이 밝혀졌다. 그리고 마음을 터놓고 지낼 만한 친구가 없다거나 사회적으로 소속될 만한 집단 없이 혼자 시간을 보내는 사람의 경우 그렇지 않은 사람보다 급사할 확률이 두 배로 높게 나타났다.

그렇다면 신우회의 역할은 무엇인가? 직장 안에 있는 그들이 직장 속에서 그리스도인으로 살 수 있도록 도와주는 것이다. 공동체의 힘은 서로가 돌아보아 사랑과 선행으로 격려하고 자라나도록 하는 힘이 있다. "혹시 그들이 넘어지면 하나가 그 동무를 붙들어 일으키려니와 홀로 있어 넘어지고 붙들어 일으킬 자가 없는 자에게는 화가 있으리라"(전 4:10).

직장 문화는 신우회가 바꿔야 한다. 요즘은 물건을 구입하더라도 혼자 구매하기보다 공동으로 구매하는 것을 더 선호하고 있다. 그들의 구호는 '뭉치면 싸고 흩어지면 비싸다!'다. 한두 개를 구입한다면 아예 흥정할 수 없는 가격을 여럿이 함께 구입함으로써 더 저렴한 가격에 살 수 있는 것이다. 마찬가지로 혼자서는 직장 문화를 바꾸고 변화시키기가 쉽지 않다. 그러나 함께하면 가능하다. "두 사람이 한 사람보다 나음은 그들이 수고함으로 좋은 상을 얻을 것임이라"(전 4:9). 이처럼 우리의 일터가 바뀌고 변화하기 위해서는 신우회가 필요하다.

직장인들이 가장 어려워하고 힘들어하는 문화가 바로 회식 문화이다. 그러나 크리스천이 노력하면 회식 문화도 얼마든지 건전하고 생산적으로 바꿀 수 있다. 한 기업은 회식을 밤 시간이 아닌 점심시간에 하는 방식으로 바꾸었다. 그러다 보니 자연스럽게 밤 늦게까지 회식을 해서 다음 날 업무에 지장을 주는 일이 없어졌다고 한다. 이런 일은 크리스천이 주도해서 제안할 수 있다. 문제는 많은 그리스도인이 무언(無言)의 동조자가 되어 그저 기존의 회식 문화에 안주하면서 자신들도 즐기는 것에 있다. "한 사람이면 패하겠거니와 두 사람이면 맞설 수 있나니 세 겹 줄은 쉽게 끊어지지 아니하느니라"(전 4:12).

하나님은 우리에게 창조 명령을 주셨다(창 1:27-28). 우리는 하나님이 주신 세상을 다스리고 정복해야 한다. 직장 안에서도 그리스도의 문화를 얼마든지 만들어 낼 수 있다. 신우회는 이러한 일을 위한 직장 속 교회이다.

직장의 바다에 빠져라

"내게 줄로 재어 준 구
역은 아름다운 곳에 있음이여 나의 기업이 실로 아름답도다"(시 16:6). 하나
님은 우리에게 줄로 재어서 아름답게 만든 일터를 허락하셨다. 이러한 직
장에서 우리는 최선을 다해야 한다.

마이어(Meier)는 "파브르는 곤충에 미쳐 있었고, 포드는 자동차에 미쳐
있었고, 에디슨은 전기에 미쳐 있었다"라고 말했다. 지금 당신은 무엇에 미
쳐 있는지 점검해 보라. 왜냐하면 자신이 미쳐 있는 그것은 반드시 실현되
기 때문이다. 무엇인가에 미친다는 것은 그만큼 그 일에 대해 열정을 지
니고 있다는 뜻이다. 그 일을 위해서는 자신의 모든 것을 내어 던질 용기
가 있다는 것이다. 그런 열정과 용기를 가지고 자신이 하고 있는 일에 최

선을 다한다면 당신은 그 분야에서 일인자가 될 수 있다. 우리 사회는 다원화되고 있으며 다양한 직업과 직종들이 있다. 분명한 것은 이 시대를 정확히 파악해야 자신의 직업을 제대로 찾을 수 있고, 그 일에 전문가가 될 수 있다는 것이다.

21세기는 자동차 디자이너, 바이오 식품 연구가, 사회 조사 전문가, 식물 치료사, 애니메이션 전문가, 만화 콘티 작가, 광고 판촉(SP) 전문가, 컴퓨터 게임 시나리오 작가, 데이터 입력 기능사, 비디오 아트 작가, 언어 치료사, 음악 공연 매니저, 색채 전문가, 수질 전문가, 심리 치료 전문가, 방송 엔지니어, 관광·여행 기획가, 사진 저널리스트 등 다양하고 새로운 직업들이 생겨났다. 이 외에도 대학가에는 새로운 과가 신설되고 있다. 그런데 가장 중요한 것은 자신이 가장 잘하고 재능이 있는 것을 선택해야 한다는 점이다.

우리 시대에는 마니아(Mania)들이 많다. 그들은 미치도록 즐기면서 일한다. 자신의 일을 즐기지 못한다면 절대 그 일에 탁월해질 수 없다. 래리 버드(Larry Bird)는 매일 아침마다 500개의 슈팅 연습을 해서 결국 뛰어난 자유투 성공률을 기록했다. 마니아 정신뿐만 아니라 직장의 바다에 빠지기 위해서는 직업에 대한 투철한 윤리 의식이 필요하다. 직업 윤리를 한마디로 정의하면 자신이 이룬 업적에 대해 스스로 느끼는 만족감 또는 자부심이다.

미국에서 성공하는 사람들을 분석해 보면 그들은 이십 대부터 꾸준히 자신의 경력 관리를 시작한다. 삼십 대 중반까지는 경력을 축적하는 과정인데, 미래 지향적인 사고를 하면서 자신의 강점을 찾아 그 분야에 주력한다. 삼십 대 후반부터 사십 대 중반까지는 창즈적인 열정으로 성공 사례를 구축하면서 자신만의 새로운 업무처리 방식을 개발한다. 사십 대 후반에서 오십 대 초반까지는 전임자와 일을 다르게 하는 차별화를 통해 조직 내에서 실력을 증명해 보인다. 그리고 오십 대 증반 이후에는 끊임없이 자기를 연마하면서 때로는 백의종군을 해 보는 것도 좋다고 생각한다.

직장과 자신의 일에 몰두하고 집중해야 이 세상에서 제대로 성공하는 사람이 될 수 있다. 세계에서 가장 뛰어난 농담이 있다. 기원전 263년경 고대 그리스의 희극 작가 필레몬(Philemon)은 자신의 작품을 보고 스스로 너무 웃겨 웃다가 죽었다고 한다. 유감스럽게도 지금 그 내용은 남아 있지 않다. 자기 일에 몰두해 만든 자신의 희극 작품을 보고 웃다 죽을 수 있었던 사람의 이야기는 자신의 일에 대한 몰입과 그것에 빠짐을 풍자적으로 보여 준다. 이제 우리는 직장의 바다에 빠져야 한다. "네 손이 일을 얻는 대로 힘을 다하여 할지어다"(전 9:10).

나도
탁월한 왕따가
된다

역경에서 탁월로!

지그 지글러(Zig Ziglar)
박사는 세계적으로 유명한 남녀 300명을 조사한 결과, 그중 75% 이상이
극심한 절망적 환경 속에서도 커다란 성취를 이루었다고 지적했다. 그가
조사해 본 바로는 유리한 배경이나 좋은 환경에서 성공한 사람은 거의 찾
아볼 수 없었다.

잘 알다시피 토마스 에디슨(Thomas Alva Edison)은 정규 교육이라고는
단지 3개월밖에 받지 않았고, 토크쇼의 여왕인 오프라 윈프리(Oprah Win-
frey)는 가난을 이겨 냈을 뿐 아니라 흑인이 성공하기 어렵다는 분야에
서 커다란 성공을 이루어 냈다. "사람들이 당신을 하찮게 대한다고 느끼
는 것은 당신이 스스로를 하찮게 여기기 때문이다"라고 엘레너 루즈벨트

탁월한 왕따되기

(Eleanor Roosevelt)는 말했다. 또 헨리 카이저(Henry Kaiser)는 "문제가 발생했다는 말은 곧 기회가 왔다는 말이기도 하다"라고 언급했다. 즉 난세는 영웅을 만든다는 것이다. 사람들은 흔히 자신의 환경이 나쁘기 때문에 더 이상 성장하거나 탁월해질 수 없다고 곧잘 말한다. 그러나 주변을 잠시만 살펴봐도 그것이 진실이 아니라는 것이 증명된다.

두 팔이 없고 한쪽 다리가 짧은 중증 장애인으로 태어나서 세계적인 가스펠 가수가 된 스웨덴 출신의 레나 마리아(Lena Maria)가 있다. 그녀는 오른쪽 발로 수영, 운전, 요리, 피아노 등 모든 것을 해 냈다. 3살 때 수영을 시작해 스웨덴 대표로 세계 장애인 수영 선수권 대회에서 금메달 4개를 땄다. 또 그녀는 고등학교 때 음악을 전공해 스톡홀름 음대 현대음악과를 졸업했다. 그 후에는 본격적인 가스펠 가수로 음악활동을 시작했고, 스웨덴 국영 TV는 그녀를 주인공으로 삼은 '목표를 향해'라는 다큐멘터리를 방영했다. 그녀는 수기에서 '장애는 오늘의 나를 있게 한 요소'라고 썼다. 결국 육체적 장애가 그녀를 앞으로 나아가도록 하는 데 장애를 주지는 못했다.

『오르지 못할 산은 없다』의 저자 강영우 박사의 경우도 마찬가지다. 그는 중학교 시절에 사고로 실명했다. 서울맹학교와 연세대 교육학과를 졸업하고, 1972년에 미국 유학길에 올랐다. 그는 피츠버그 대학에서 교육학 및 심리학 석사와 교육학 박사 학위를 취득한 후 노스이스턴 일리노이대 교수로 재직했고, 미국 교육부 산하 전국장애인 자문협회장이 되어 차관

보급의 인사가 되었다. 믿음으로 시각 장애를 극복한 아름다운 인간 승리의 모습인 것이다.

또 한 사람, 미국의 《피플》지에 소개된 한인 입양아가 있다. 그는 선천성 시각장애의 역경을 딛고 미국의 대학생이라면 누구나 선망하는 영예의 로즈 장학생으로 뽑힌 자키리 배틀스(이정남)이다. 그는 한국의 중산층 가정에서 태어났지만, 선천성 시각장애라는 이유로 태어나자마자 부모에게서 버림받았다. 고아원에 맡겨진 그는 4살 때 장애인만을 골라 입양해 온 음악교사 리처드 배틀스 부부와 미국으로 가게 되었다. 그런 그가 자신의 장애를 딛고 펜실베이니아 주립대학교를 졸업하면서 수학과 프랑스어, 컴퓨터 등 세 개 분야에서 학사 학위를 받았다.

만약 나이가 너무 많아서 아무 것도 못한다고 생각하는 사람이 있다면 88살의 최고령 마라토너인 페냐 크라운 할머니를 통해 도전받을 수 있다. 그녀는 70세의 나이에 로스앤젤레스 마라톤 대회에서 42.195km 풀코스를 4시간 47분의 기록으로 완주하는 데 성공했다. 그리고 그 이후에도 페냐 할머니는 7번의 마라톤 코스를 완주했다. 그녀는 "늙었다고 생각 말고 원하는 것이 있으면 무엇이든 도전해야 한다"고 충고했다.

나이가 많아서 좌절하는 사람들에게 도전이 되는 이야기가 또 하나 있다. 베스트셀러인 『프로페셔널의 조건』의 작가 피터 드러커(Peter Drucker)는 아흔이 넘은 나이에 이 책을 집필했다.

모세는 80세에 하나님의 부르심을 받아 이스라엘 백성을 광야에서 인도했다. 갈렙은 85세의 나이에도 주님이 약속하신 산지를 달라는 진취적 자세를 버리지 않았다. 88세에 그림을 그린 피카소, 85세에 등사기를 발명한 토마스 에디슨, 88세에 말을 타고 전도여행을 했던 웨슬리 등 나이를 극복한 사람들은 얼마든지 찾아볼 수 있다.

요한 웨슬리는 하루 평균 세 번의 설교를 했다. 총 44,000회의 설교를 한 셈이다. 또한 말과 마차를 타고 총 32만km 이상, 즉 1년에 8천km를 여행했다. 그는 나이 83세의 고령에도 불구하고 안구의 통증으로 5시간 이상 글을 쓸 수 없음을 안타까워했다. 또한 나이 86세가 되었어도 하루에 두 번 이상 설교를 할 수 없었음을 인정하지 않으려 했고, 새벽 5시까지 잠을 잘 수밖에 없음을 못마땅하게 여겼다.

기억하기 바란다. 홈런왕 베이브 루스(Babe Ruth)는 714개의 홈런을 쳤지만 1,330번의 삼진을 당하기도 했다는 사실을. 그렇다고 그를 삼진왕으로 기억하는 사람은 없다. 당신의 마음이 지옥을 천국으로 바꾸기도 하고 천국을 지옥으로 바꾸기도 한다. 문제는 어느 쪽을 선택하느냐는 당신에게 달려 있다는 것이다.

평범에서 탁월로, 기드온

하나님은 이스라엘이 범죄할 때마다 이방 민족을 통해 징계하셨고, 그들이 회개할 때마다 사사들을 통해 구원하셨다. 기드온은 강한 용사였지만 그의 출신 배경과 위대함 뒤에는 평범함이 감추어져 있었다. 이는 오늘날 우리의 자화상을 보는 듯하다. 용맹하고 강한 사사 기드온이지만 그 뒤에는 평범을 탁월로 바꾸신 하나님의 섭리가 있었다.

먼저 그는 그다지 용맹하거나 용기 있는 사람이 아니었다. "마침 요아스의 아들 기드온이 미디안 사람에게 알리지 아니하려 하여 밀을 포도주 틀에서 타작하더니"(삿 6:11)라는 구절을 보아도 그는 소심하고 겁이 많은 사람이었다. 본래 밀을 타작하려면 바람이 잘 부는 산등성이의 타작마당에서 해야 하는데도 그는 두려움에 사로잡혀 바위를 파서 만든 포도주 틀에서 타작했다.

알고 보면 위대한 인물들은 지극히 평범하거나 오히려 부족함이 많다. 그 예를 한번 살펴보자. 만유인력을 발견한 존 뉴턴(John Newton)의 경우 초등학교 성적은 매우 좋지 않았다. 아인슈타인(Albert Einstein)은 4살이 되어서야 말을 했고 7살이 되어서야 글을 읽을 수 있었다. 톨스토이(Leo Tolstoy)는 대학에서 낙제했다. 처칠(W.L.S. Churchill)은 국어는 잘했지만 자연과학의 성적은 극히 좋지 않았다. 미사일을 처음 만든 브라운(Werner Von Braun)은 3학년 때 수학에서 낙제했다. 미국 상원의원들의 65%가 학교 평균 성적이 밑바닥이었다. 미국 대통령의 75%는 학교 성적이 평균 수준 이하였다. 미국 백만장자의 약 50% 이상이 대학 공부를 못한 사람들이다. 그러나 평범한 그들이 세상을 움직이는 것을 보견 처음부터 탁월한 사람은 없었으며 부단한 노력이 탁월함의 밑거름이 되었던 것을 알 수 있다.

기드온은 하나님께 부름을 받고 나서 이렇게 하소연한다. "주여 내가 무엇으로 이스라엘을 구원하리이까 보소서 나의 집은 므낫세 중에 극히 약하고 나는 내 아버지 집에서 가장 작은 자니이다"(삿 6:15). 그는 자신이 미디안을 쫓아 낼 만큼 능력이 없음을 자신의 출신 배경을 들어 변명했다. 바로 우리의 모습을 보는 듯하다.

밴 패터슨(Ben Patterson)이 쓴 책 내용 중 우명한 피아니스트 이그나스

얀 패더렙스키와 한 꼬마의 이야기가 있다. 한 어머니가 한때 폴란드의 수상이었으며 피아노의 거장이었던 패더렙스키의 연주를 들려주려고 어린 아들을 데리고 연주회장에 갔다. 그 아들은 이제 막 피아노를 배우기 시작했기에 어머니는 아들이 거장의 연주를 듣기 원했던 것이다. 어머니는 공연장의 맨 앞좌석 표를 두 장 사서 연주회가 시작하기 몇 분 전 아들과 함께 자리에 앉았다. 흥분된 어머니는 휘황찬란한 불빛과 축제의 분위기에 정신이 팔려 넓은 연주회장을 둘러보았다. (그녀는 자기 아들이 무대에 기어올라가 피아노 의자 위에 앉은 것도 몰랐다.) 그때 갑자기 무대 위 피아노에서 '젓가락 행진곡'이 올려 퍼지는 소리가 들렸다. 아이의 어머니는 거장의 피아노를 모독하고 있는 아들을 보고 경악을 금치 못했다. 놀란 그녀가 무대에 뛰어 올라가서 자기 아들을 끌어 내리려고 하는 순간, 패더렙스키가 무대 뒤에서 걸어 나왔다. 그는 당황한 어머니에게 미소를 보내며 그녀를 다시 자리로 돌려보냈다. 그리고 아이의 뒤에 서서 그를 두 팔로 감싸안고 아이의 젓가락 행진곡 연주에 맞추어 멋진 반주를 곁들이기 시작했다. 그 두 사람은 멋지게 피아노를 연주했다.

우리의 인생 연주도 나홀로 하면 실패할 수 있지만, 하나님이 함께하시면 인생을 멋지게 연주할 수 있다. 초등학교 시절 붓글씨를 연습하던 때가 기억난다. 혼자서는 도저히 한 획도 제대로 그을 수 없었지만, 선생님이 함께 손을 잡고 획을 그어 주면 정말 놀랄 정도로 곧게 내리뻗은 획을 그을 수 있었다. 우리가 실수를 반복하고 다른 사람처럼 일을 능숙하게 잘 처리하지 못한다 해도 주님이 우리와 함께하시면 탁월해질 수 있다. "이는 여호와께서 요셉과 함께 하심이라 여호와께서 그를 범사에 형통하게 하셨더라"는 창세기 39장 23절의 말씀처럼 하나님이 함께해 주실 때 우리는 형통할 수 있다.

러시아의 과학자 이반 예프레모프(Ivan Yefremov)는 사람이 자기 두뇌의 반을 사용할 수 있다면 아마도 40개의 언어를 습득하고도 큰 백과사전을 전부 암기할 수 있을 것이라고 말했다. 이처럼 아무리 평범해 보일지라도 우리는 하나님의 위대한 걸작품인 것이다.

하나님은 만유보다 뛰어나신 분이시다. 그분의 탁월함처럼 우리도 탁월해질 수 있다. 만약 출신이 보잘것없기 때문에 나는 탁월해질 수 없다고 생각한다면 셰익스피어를 생각하라. 그는 극작가 명성을 떨치기 전에는 비천한 신분이었다. 그의 아버지는 목축업과 도살업을 하는 사람이었다. 어린 시절에 그는 양털을 깎는 일을 했고, 학교 급사로도 일을 했으며, 어느 고리대금업자 사무실에서 서기 노릇도 했다.

평범해 보이는 사람들이 오히려 그 평범함을 뛰어넘어 위대한 일을 해 냈다. 평범해 보이지만 그 안에는 엄청난 가능성이 있다. 우리 크리스천 직업인들이야말로 오늘은 평범해 보일지라도 탁월함을 이미 지니고 있는 사람들이다. 우리는 탁월하신 하나님을 섬기는 사람들이기 때문이다.

탁월의 첫 번째 비결, 비전

우리가 자주 말하지만 그리 선명하게 머리로 파악되지 않는 '비전'은 마치 몇백 마력이나 되는 자동차 엔진을 점화시킬 수 있는 키(Key)와 같다. 그렇다면 어떻게 수백 마력의 자동차 엔진을 점화시킬 수 있는가? 대답은 간단하다. 그저 시동장치에 열쇠를 꽂고 돌리면 된다. 단순히 키를 돌리는 동작이 자동차 엔진을 점화시키는 것처럼 비전은 우리의 탁월함을 점화시켜 준다.

걸레 한 장으로 세상을 바꾼 서비스 마스터(Service Master)의 회장 C. 윌리엄 폴라드(C. William Pollard)는 "우리는 희망에 갇혀 사는 존재이다. 우리를 지탱하는 건 우리의 희망이다. 우리의 마음에 불을 지르고 우리를 이끌어 주는 것은 바로 비전이다"라고 말했다. 분명한 비전은 구체적이고 가시적인 결과를 제시한다. 리콴유 전 수상은 말레이시아로부터 싱가포르를 독립시킨 후 총리 취임식에서 싱가포르의 미래상을 이렇게 제시했다. "나는 싱가포르를 1, 2, 3, 4, 5의 나라로 만들겠습니다. 한 명의 부인, 두 명의 자녀, 세 개의 침실이 있는 집, 네 바퀴의 자동차 그리고 주당 500달러의 일인당 소득을 보장하겠습니다." 이는 너무도 분명하고 희망찬 비전이 아닌가?

비전은 방향을 잃고 혼돈 가운데 있는 사람들에게 나침반과 같이 분명한 방향을 제시한다. 또 하나의 좋은 예가 있다. 진주만 공습 후 미국 국민은 분노, 상실감, 혼돈, 두려움 등 매우 힘든 집단적 감정에 사로잡혀 있었다. 그런데 이런 정신적 충격을 치유한 한마디가 있었다. "우리가 두려워할 것은 두려움 그 자체뿐입니다." 루즈벨트 대통령이 던진 한마디에 미국민들은 사기가 올라가고 자신감을 회복했다.

비전을 가진 사람은 어려운 환경을 이겨낸다. 비전을 가진 사람은 현재의 고통을 초월한다. 비전을 가진 사람은 쓰러져도 오뚝이처럼 일어난다. 비전을 가진 사람은 미래를 바라보며 산다. 그래서 오늘날 현실에서 비전을 가진 사람은 날마다 준비하며 산다. 비전을 가진 사람은 결코 포기하는 일이 없다. 또한 전통적인 고정관념에 사로잡혀 있는 상황을 하나님의 역사를 통해 영적 부흥으로 바꾼다.

아프리카 선교사 출신의 부흥사 라인하르트 본케 목사는 구태의연한 방법으로 아프리카 선교를 했는데 각 마을을 찾아다니면서 10여 명에게 복음을 전하는 것으로 만족해야만 했다. 그러나 남아프리카 공화국 흑인 자치국인 레소토에서 사역하면서 기도하던 중 갑자기 아프리카 전체가 예수의 보혈로 씻기는 환상을 보았다. 그는 아프리카에서 대중 집회를 하면 수십만 명이 주님께로 돌아올 것을 확신했다. 그러나 주변의 다른 선교사들은 이 환상을 묵살하였고, 200년 전부터 해 오던 전통적인 선교 방법을 고수했다. 본케 목사는 "내 주변에는 능력 있는 사람들은 많지만 비전 있는 사람은 거의 없다"고 한탄하면서 단독 사역을 시작했다. 그가 복음을 증거하려고 대중 집회를 열었을 때 자그마치 100만 명의 사람들이 구름처럼 모였다. 그리고 레스토 공원에서 복음을 증거할 때는 50만 명의 사람들이 복음을 들음으로써 아프리카 선교의 패러다임을 깨뜨렸다.

이처럼 하나님께로부터 오는 믿음을 통한 비전은 놀라운 사건을 경험케 한다. 안과 의사들에 따르면 인간이 가질 수 있는 가장 좋은 시력은 2.0/2.0(좌우 2.0 즉 정상시력)을 넘어설 수 없다고 한다. 그러나 요셉의 시력은 이보다 더 좋은 5.0/2.0이었다. 요셉은 평범한 시계와 후방은 물론 전방까지 함께 볼 수 있는 창세기 50장 20절의 눈을 가지고 있었다. "당신들은 나를 해하려 하였으나 하나님은 그것을 선으로 바꾸사 오늘과 같이 많은 백성의 생명을 구원하게 하시려 하셨나니"(창 50:20). 요셉은 미래를 볼 수 있는 비전의 눈이 있었기에 온갖 장애를 극복할 수 있었다. 이러한 시력을 갖게 되면 무의미하게 보이던 것에서 의미를 찾게 되고, 고통에서 소망을 보게 되며, 불행이 행복으로 변화한다. 비전은 삶의 모습을 완전히 바꾸는 능력이 있다.

중국 대나무는 6주 만에 90피트나 자란다그 한다. 그러나 처음에 대나무를 땅에 심으면 4-5년 동안은 아무런 일도 일어나지 않는다. 계속해서 물을 주고 거름을 주어도 어떠한 변화도 일어나지 않는 것처럼 보인다. 하지만 시간이 지나면 갑자기 폭발적으로 성장한다. 우리가 가지고 있는 비전도 이와 비슷하다. 비전을 가진 사람은 변화가 없는 현재 모습에 지나치게 걱정하지 말고, 하나님이 주신 비전을 염두에 두고 집중한다면 그 비전은 분명히 성취될 것이다. "우리가 선을 행하되 낙심하지 말지니 포기하지 아니하면 때가 이르매 거두리라"(갈 6:9).

1907년 헨리 포드(Henry Ford)는 포드사의 직원들을 모아 놓고 말했다. "우리는 평균적인 미국 가정에서 자동차를 이용할 수 있게 할 것입니다." 그러나 당시 자동차 가격이나 미국민들의 경제 수준을 생각할 때 포드의 꿈은 황당해 보였다. 많은 사람은 그가 한 말을 듣고 비웃었다. 그러나 포드사는 15년 후 수백만 대의 T형 자동차를 생산하여 290불이라는 싼 가격에 판매하였다. 이것은 비전의 힘을 보여 주는 한 예이다.

세상에는 꿈(비전)을 가진 세 종류의 사람이 있는데 '꿈을 가진 사람', '꿈을 이루는 사람', '꿈을 깨뜨리는 사람'이다. 미국 성인의 30%는 꿈을 가진 사람이고, 69.9%는 꿈을 깨뜨리는 사람이다. 단지 0.1%만이 꿈을 이루는 사람이다. 당신은 그중 어떤 종류의 사람인가?

나약한 자들은 감히 위대한 꿈을 꾸지 못한다. 왜냐하면 알파인 스키장의 경사면이 급한 것처럼 꿈이 크면 당신이 맞부딪쳐야 할 위험의 크기도 커지기 때문이다. 그러나 하나님이 주신 큰 비전을 품고 세상을 향해 당당히 나아가는 자들은 하나님이 그 비전을 분명히 이루어 주실 것이다.

탁월의 두 번째 비결, 영성

우리는 요셉을 '꿈과 비전의 사람, 성공한 사람'이라고 말한다. 그렇다. 요셉은 꿈을 성취한 탁월한 사람으로 현대를 살아가는 크리스천들에게 큰 도전을 준다. 그렇다면 그는 어떤 면에서 탁월한 사람이었는가? 단순히 꿈을 꾸고 이루었기에 성공한 사람인가?

창세기의 말씀을 통해서 그가 어떻게 탁월했는지 그 비밀을 발견해 보자. "그의 주인이 여호와께서 그와 함께 하심을 보며 또 여호와께서 그의 범사에 형통하게 하심을 보았더라 요셉이 그의 주인에게 은혜를 입어 섬기매 그가 요셉을 가정 총무로 삼고 자기의 소유를 다 그의 손에 위탁하니 그가 요셉에게 자기의 집과 그의 모든 소유물을 주관하게 한 때부터 여호와께서 요셉을 위하여 그 애굽 사람의 집에 복을 내리시므로 여호와의 복이 그의 집과 밭에 있는 모든 소유에 미친지라"(창 39:2-4). 이 말씀을 깊이 묵상해 보면 요셉의 형통함은 그의 출중한 외모나 탁월한 행정력에 있었던 것은 아니었다. "하나님이 그와 함께" 하셨기 때문이다. 성경은 우리에게 중요한 것을 전하고 있다. 성경에서는 성공이라는 단어가 전도서 10장 10절에 한 번 나온다. "철 연장이 무디어졌는데도 날을 갈지 아니하면 힘이 더 드느니라 오직 지혜는 성공하기에 유익하니라." 여기서 말하는 성공은 탁월함이나 혈연, 지연 등 인간관계와 관련된 것이 아니다. 하나님께로부터 오는 지혜를 말하는 것이다. 다시 말해 그리스도인들이 지향해야 할 것은 성공이 아니라 바로 형통인 것이다.

성공의 사전적 의미는 '사람이 사회 활동의 결과로 높은 지위나 많은 재물을 얻게 되거나 크게 이름을 떨치게 되는 것'이라고 정의한다. 그러나 형통은 '범사가 뜻과 같이 잘 되어 가는 것'이라고 정의한다. 우리는 세상적인 성공만을 좇아가서는 안 된다. 성공은 일회적인 것이지만, 형통은 하나님이 함께하심으로 범사가 잘 되는 전인격적 성공이다. 언제부터인가 크리스천들에게도 성공이 형통의 자리를 대신하고 있다. 진정한 성경적인 탁월함은 성공(success)이 아닌 형통(prosper), 즉 하나님이 함께하시는 성공이다.

그러면 하나님께서 함께하신 탁월한 사람 요셉은 어떠했는가? "그가 요셉에게 자기의 집과 그의 모든 소유물을 주관하게 한 때부터 여호와께서 요셉을 위하여 그 애굽 사람의 집에 복을 내리시므로 여호와의 복이 그의 집과 밭에 있는 모든 소유에 미친지라"(창 39:5).

하나님이 함께하시는 사람, 그가 바로 형통한 자이며 탁월한 왕따이다. 요셉은 주인의 아내가 성적으로 유혹할 때도 이렇게 대답했다. "내가 어찌 이 큰 악을 행하여 하나님께 죄를 지으리이까"(창 39:9). 여기서 우리는 요셉의 탁월한 영성을 확인할 수 있다. 그가 주인의 아내로 인해 범죄하지 말아야 할 이유는 그가 주인의 신뢰를 저버릴 수 없었기 때문이 아니라 바로 하나님을 의식하고 하나님을 사랑했기 때문이다. 진정한 영성은 세상 속에서 드러나야 한다. 최근 한국 사회의 부패와 비리에 관련된 뉴스 메이커들은 주로 크리스천들이다. 왜 그럴까? 바로 성공을 향해 질주하지만 진정한 하나님의 탁월이 아닌 세상의 윤리로 살기 때문이다. 교회 안에서는 거룩할지 몰라도 세상 속에서는 거룩의 옷만 걸친 채 세상적 성공의 기준을 좇아간다.

한편 다니엘의 영성의 탁월함은 다니엘서 6장 10절에 나타나 있다. "다니엘이 이 조서에 왕의 도장이 찍힌 것을 알고도 자기 집에 돌아가서는 윗방에 올라가 예루살렘으로 향한 창문을 열고 전에 하던 대로 하루 세 번씩 무릎을 꿇고 기도하며 그의 하나님께 감사하였더라." '하나님과의 친밀함', 그것이 바로 영성의 본질이다. 다니엘은 하나님과 교제하기 위해서 목숨을 걸었다. 당신은 정말 탁월하게 세상 속에서 주님을 좇기 원하는가? 그렇다면 날마다 주님과 동행하면서 지혜를 구해야 한다. "내 아들아 나의 법을 잊어버리지 말고 네 마음으로 나의 명령을 지키라 그리하면 그것이 네가 장수하여 많은 해를 누리게 하며 평강을 더하게 하리라 인자와 진리가 네게서 떠나지 말게 하고 그것을 네 목에 매며 네 마음판에 새기라 그리하면 네가 하나님과 사람 앞에서 은총과 귀중히 여김을 받으리라 너는 마음을 다하여 여호와를 신뢰하고 네 명철을 의지하지 말라 너는 범사에 그를 인정하라 그리하면 네 길을 지도하시리라"(잠 3:1-6).

탁월의 세 번째 비결, 열정

에머슨(Emerson)**은** "어떠한 일도 열정 없이 성취된 것은 없다"고 말한다. 열정은 활활 타오르게 하는 불씨와 같다. 사도 바울은 탁월했던 사람이다. 그는 바리새인 중 바리새인이었고, 가말리엘의 문하에서 수학(修學)한 석학이었으며, 로마의 시민권을 가진 사람이었다. 더욱 중요한 것은 그가 예수 그리스도를 위하여 모든 것을 배설물로 여기는 용기와 단호함이 있었다는 것이다.

그렇다면 과연 사도 바울의 탁월함은 어디에서 나온 것일까? 사도 바울은 모든 일에 열정적인 사람이었다. 그의 열정은 예수님을 만나기 전에 자신이 가진 율법의 확신, 즉 하나님을 향한 열정에 사로잡혀 예수 믿는 사람들을 핍박했던 것에서부터 시작된다. 그렇게 열정이 있었던 바울의 삶의 방향은 그리스도를 만나고 나서부터 완전히 바뀌었다. 바울을 통해서 우리가 배울 수 있는 것은 탁월함의 근원이 자신의 정체성(Identity)을 발견하는 데서부터 시작된다는 점이다. 탁월함의 비결은 자신의 사명과 사역을 깨닫고 그것에 목숨을 거는 것이다.

많은 사람은 영광을 얻기 원하지만 그것에 대한 대가를 지불하려고 하지 않는다. "위대한 일을 성취한 사람은 이미 위대한 목표를 지니고 있었던 사람이다. 그 사람은 언뜻 불가능하게 보이는 목표를 실현하기 위해 평생 그 목표에만 매달린 사람이다"라고 오리슨 스웨트 마든(Orison Swett Marden)은 말한다.

고대 그리스의 웅변가 데모스데네스(Demosthenes)는 어려서부터 말더듬이였다. 그러나 어려서부터 위대한 웅변가가 되어 아테네 도시 국가의 지도자가 되고 싶었다. 그래서 그는 해변에서 입에 작은 돌을 물고 웅변 연습을 했다. 자기 귀에도 자신의 말이 명료하고 감동적으로 들릴 때까지 열정적으로 노력했다.

BC 357년, 북방 마케도니아의 필립 왕이 아테네를 침범했을 때 데모스데네스는 아테네 시의 중심지에 시민을 모아놓고 그들의 무기력을 꾸짖으면서 용기 있게 전선에 나가 싸우라고 호소했다. 그의 연설이 반도 끝나기 전에 청중의 태반이 자리를 떠났다. 그들은 어디로 간 것일까? 그들은 데모스데네스의 연설에 감동을 받아 그 연설이 끝나기도 전에 전선으로 나간

것이었다. 이처럼 탁월함은 우연히 얻어지는 것이 아니라 부단한 자기훈련과 열정으로 만들어지는 것이다. 웨슬리는 86세 때에도 젊었을 때와 동일한 열정이 있었다. 그는 그 나이에도 "흙으로 돌아가기 전에 주님을 위해 기꺼이 무언가를 더 하고 싶다"고 말했다.

하나님은 우리에게 명하고 계신다. "세상을 다스리고 정복하라." 이 명령을 완수하기 위해서 우리는 탁월해지지 않으면 안 된다. 풍부한 리더십과 탁월함의 열쇠는 "왜! 내가 아닌가?"라고 물을 수 있는 의지이다. 자기가 하는 일에 목숨을 걸 만한 열정이 없다면 결코 주님의 탁월함을 닮아갈 수 없다. 이사야 9장 7절은 하나님의 열심을 말하고 있다. "만군의 여호와의 열심이 이를 이루시리라."

국제경영전략연구소에 따르면 망한 식당에는 열 가지 공통점이 있다고 한다. 1) 구식 상호 2) 지저분한 외장 3) 복잡한 실내 4) 산뜻하지 않은 주인의 복장 5) 경직된 주인의 표정 6) 과다한 메뉴(전문성의 결여) 7) 평균 이하의 맛 8) 비위생적인 주방 9) 미신적인 요소(브적, 북어 등) 10) 생기 없는 종업원. 이를 한마디로 요약하면 열정이 없다는 것이다.

영국의 위대한 역사학자 아놀드 토인비(Arnold Toynbee)는 "냉담함은 열정에 의해서만 극복될 수 있으며 열정은 다음 두 가지에 의해서만 불러일으킬 수 있다"고 말한다. 그것은 상상을 사로잡는 이상적 목표와 그 목표를 실천에 옮기는 선명하고 이해하기 쉬운 계획이다. 열정은 감염된다. 즉 열정은 다른 사람들에게 동기와 영감을 부여한다. 열정은 마음의 환기장치이다. 마음에 정체되어 있는 걱정, 긴장, 불쾌감을 제거한다.

토마스 에디슨은 미국 가정에 전기 시설을 설치하면 6개월 이내에 감전 사고로 목숨을 잃는 사람이 있을 것이라고 경고했다. 그 후 물론 감전사하는 사람은 몇 명 있었지만, 그의 말을 듣고 겁나서 가정에 전기 시설을 설치하지 않겠다고 고집한 사람은 아직까지 한 명도 없었다. 만약 해보지도 않고 포기하거나 좌절한다면 어떤 결과도 기대할 수 없을 것이다. 칼빈은 '움직이는 종합병원', '걸어가는 시체'라는 별명을 가졌는데 일곱 가지 이상의 큰 병을 앓고 있으면서도 저술, 목회, 교육, 행정, 전도에 최선을 다했다.

열정은 크리스천이 아무리 많이 내더라도 지나치지 않다. 성경은 우리에게 말한다. "여호와로 인하여 기뻐하는 것이 너희의 힘이니라 하고"(느 8:10). 진정한 탁월함은 하나님을 기뻐하는 것이며, 그 힘에서 나오는 열정이 우리를 진정으로 탁월하게 한다.

탁월의 네 번째 비결, 집중

사도 바울은 탁월함의 비결이 집중력에 있다는 사실을 알았다. "형제자매 여러분, 나는 아직 그것을 붙들었다고 생각하지 않습니다. 내가 하는 일은 오직 한 가지입니다. 뒤에 있는 것은 잊어버리고, 앞에 있는 것을 향하여 몸을 내밀면서(빌 3:13 표준새번역)" 당신이 진정으로 탁월해지기를 원한다면 집중력을 키우는 것이 중요하다. 특히 구조조정이 계속되는 우리의 현실을 생각한다면 더욱 집중력을 기르기 위한 노력이 필요하다.

제너럴일렉트릭(GE) 전 회장인 잭 웰치(Jack Welch)는 세계 시장에서 1-2위의 경쟁력을 가진 사업 부문만 남기고 나머지는 과감하게 잘라냈다. 회장 취임 초기에 1백 70여 개나 됐던 사업을 1백 10개로 정리하고 핵심산업

군과 첨단산업군, 서비스산업군의 세 부문으로 재편했다. 그의 소신은 1, 2위가 아니면 모두 버리고 1, 2위에 집중한다는 것이었다. 자신에게 주신 독특한 달란트를 발견하고 그것을 개발하고 집중하는 것이 바로 탁월해지기 위한 중요한 요소인 것이다. 잭 웰치는 "좋은 리더는 한 가지 목표에 무섭게 집중한다"고 주장했다.

이 같은 집중은 경쟁력을 높이고 모든 일을 탁월하게 행하도록 돕는다. 여러 곳으로 분산되면 경쟁력이 떨어지지만 한 곳에 집중하면 최고의 경쟁력을 갖게 된다. 예수님은 우리에게 말씀하신다. "할 수 있거든이 무슨 말이냐 믿는 자에게는 능히 하지 못할 일이 없느니라"(막 9:23).

와트(James Watt)는 부엌에서 우연히 주전자 뚜껑을 들어 올리는 증기를 보고 영감을 얻어 증기 기관차를 고안했다. 평범해 보이는 것도 집중해서 유심히 보면 그 속에서 위대한 발견을 할 수 있다. 주의력이 산만한 사람을 가리켜 '숲 속을 걸어가도 땔감을 찾아내지 못한다'는 러시아 속담이 있다. 주의 깊게 우리의 역량에 집중한다면 우리의 인생에서 분명히 위대한 발견을 하게 될 것이다.

초점이 맞추어진 빛은 놀라운 힘이 있다. 그러나 초점이 흩어진 빛은 아무런 힘도 없다. 예를 들어 돋보기로 태양빛의 초점을 맞추면 나뭇잎을 태울 수 있다. 그러나 같은 빛이라도 초점이 맞지 않으면 열이 나지 않는다. 더 나아가 레이저 광선과 같이 훨씬 더 고밀도로 빛을 집중시키면 강

철도 자를 수 있다.

마태복음 25장에는 달란트 비유가 나온다. 주인은 여행을 떠나면서 종들의 재능에 따라 5달란트, 2달란트, 1달란트를 맡기고 떠났다. 그 후 주인이 돌아와서 각각 맡긴 달란트를 결산했다. 그런데 한 달란트 받았던 자는 곧바로 땅을 파고 그 주인의 돈을 감추어 두었다가 가져 왔다.

이는 다른 두 사람이 각각 100%의 이익을 남긴 것과 비교된다. 우리가 하나님께 받은 재능이 작은 것처럼 보인다 해도 하나님이 나에게 주신 능력과 재능이 작다고 불평하기 전에 하나님이 주신 재능을 잘 드러낼 수 있는 부분에 집중하는 것이 필요하다. 집중의 결과는 분명히 나타날 것이다.

탁월의 다섯 번째 비결, 지혜

예전에는 힘이 센 사람
이 강자였다. 그러나 지금은 머리를 잘 사용하는 사람이 진정한 강자다.
만약 어떤 사람의 체중이 75킬로그램인데 그중 몸이 70킬로그램이고 머리
가 5킬로그램이라고 한다면 이전에는 70킬로그램의 몸을 잘 사용하는 사
람이 성공했다. 하지만 이제는 5킬로그램의 머리를 더 잘 사용하는 사람이
성공한다. 육체의 힘보다 더욱 중요한 것이 머리, 즉 지혜다.

지혜는 지식을 움직이는 힘이다. 마치 아무리 좋은 차가 있어도 그 안
에 엔진이 없으면 차가 움직이지 않듯이 그 차에 동력을 주는 것이 지혜
다. 그래서 야고보서 기자는 "너희 중에 누구든지 지혜가 부족하거든 모
든 사람에게 후히 주시고 꾸짖지 아니하시는 하나님께 구하라 그리하면

주시리라”(약 1:5)고 말한다.

다니엘 골맨(Daniel Goleman)은 “IQ가 높다고 해서 부와 명예, 행복이 보장되는 것은 아니다. 그런데도 학교와 사회에서는 학력만 주목하고 인생을 좌우하는 또 하나의 중요한 자질, 즉 EQ에는 별로 관심을 기울이지 않는다”고 말한다. 감성지수인 EQ는 어렸을 때는 물론 인생의 어떤 단계에서도 개발할 수 있다. 감성지수가 높은 사람은 자신에게 동기를 부여하고 욕망을 절제하며 기분을 조절하고 고민을 자연스럽게 수용한다.

이러한 EQ는 하나님의 말씀에 의해 더욱 향상되고 증가한다. 우리는 지혜로 스트레스를 피하는 법을 배워야 하는데 그 방법을 소개하면 다음과 같다.

1) 감사의 마음을 가져라.

2) 하루에 단 30분이라도 짬을 내어 혼자만의 시간을 가져라.

3) 단순하게 만들고 정리정돈을 잘하라.

4) 무리한 시간 계획을 잡지 마라.

5) 매사에 30분 정도의 여유를 두라.

6) 일주일에 한 번은 9시에 잠자리에 들라.

7) 언제나 흥미 있는 읽을거리를 갖고 다니라.

8) 문제에 접근하는 것을 도전으로 생각하라.

9) 영혼을 열심히 돌보라.

이제 우리는 하나님께로부터 오는 지혜를 구해야 한다. 그러면 왕을 탁월하게 따르는 자가 될 수 있다. 나는 지금까지 거의 빠지지 않고 지혜를 구하는 기도를 한다. 그런데 놀라운 것은 말씀을 전할 때나 사람들을 만나 상담할 때, 그리고 전도할 때 도저히 내가 생각하지 못한 지혜가 샘솟는 것을 발견한다. 그래서 "너는 전략으로 싸우라 승리는 지략이 많음에 있느니라"(잠 24:6)는 말씀이 내 속에서 역사하는 것을 실감나게 경험한다.

"주 여호와께서 학자들의 혀를 내게 주사 나로 곤고한 자를 말로 어떻게 도와 줄 줄을 알게 하시고 아침마다 깨우치시되 나의 귀를 깨우치사 학자들 같이 알아듣게 하시도다"(사 50:4). 우리에게 학자의 혀를 주시고 말씀을 들을 귀를 깨우쳐 주시는 분이 바로 하나님이시다. 아침마다 우리가 구하면 주신다고 약속하셨다. 그리고 하나님이 주신 지혜로 모든 것을 행할 때 세상과 일터에서 탁월하게 승리할 것을 약속하셨다.

탁월의 여섯 번째 비결, 성실

성경에 나온 탁월했던 사람들은 성실한 사람들이었다. 다윗도 역시 그랬다. 그는 자신이 맡은 양 떼를 지키기 위해 물맷돌을 던져 가면서 사나운 짐승들과 싸웠고 결국 블레셋 장수 골리앗을 쓰러뜨렸다. 하나님은 성실하게 목동으로 일했던 그의 모습을 보고 이스라엘을 맡기셨다. "전에 곧 사울이 왕이 되었을 때에도 이스라엘을 거느리고 출입하게 한 자가 왕이시었고 왕의 하나님 여호와께서도 왕에게 말씀하시기를 네가 내 백성 이스라엘의 목자가 되며 내 백성 이스라엘의 주권자가 되리라 하셨나이다 하니라"(대상 11:2).

또한 성경을 보면 여호수아의 성실함을 드러내는 표현들이 반복해서 등장한다. "아침에 일찍이 일어나서"(수 3:1, 6:12, 7:16, 8:10). 이것들은 모두 지도자 여호수아의 성실함을 나타내 준다.

소년 슐리만은 아버지에게서 『어린이를 위한 역사 이야기』라는 책을 선물로 받았다. 그 책에는 그리스의 침략을 받아 불타고 있는 트로이성 그림이 있었다. 소년은 다짐했다. '지구촌 어딘가에 트로이 문화가 숨겨 있다. 이 유적지를 찾아내리라.'

소년은 자라서 유명한 사업가가 되었다. 그러나 많은 재산이 그의 근본적인 욕구를 채워 주지는 못했다. 그는 36살에 사업을 그만두고 트로이 전쟁의 현장을 찾아 나섰다. 슐리만은 전쟁의 현장이 터키의 하사트리크 언덕이라는 사실을 알고 탐사에 나섰다. 그는 터키의 하사트리크 언덕을 4년간 탐사하여 조개무늬 금관과 황금 장신구를 발견했고, 며칠 후 흙 속에서 아홉 개 층으로 된 트로이의 궁전을 찾아냈다. 그의 성실함이 고고학의 위대한 업적을 남긴 것이다.

또 다른 성실함은 미국의 백화점 왕으로 불리는 페니(James Cash Penney)에게서 발견할 수 있다. 그는 하버드 대학교 출신으로 총장의 추천을 받아 다른 동기와 함께 한 백화점에 입사했다. 하지만 그가 처음 맡은 일은 어처구니없게도 엘리베이터 안내였다. 입사 동기는 자기를 무시하는 인사 조치에 반발해 회사를 그만두었지만, 페니는 혼자 백화점에서 그 일을 묵묵히 했다. 그는 엘리베이터 안내를 하면서 손님들이 하는 대화를 듣고 물건의 선호도, 불평, 요구사항 등을 파악했다. 그리고 이를 바탕으로 보고서를 제출하여 백화점 경영에 상당한 공헌을 했다. 결국 페니는 경영자에게 인정을 받고 중역을 거쳐 사장이 되었다. 그리고 결국 백화점 왕이 되었다.

노아 웹스터(Noah Webster)는 웹스터 사전을 집필하기 위해 36년간 자료를 수집하고 두 번이나 대서양을 횡단했다. 또한 플라톤의 국가론은 무려 아홉 번이나 대필한 다음에야 완성되었다. 시인 브라이언트(Bryant)는 자신의 시를 보통 아흔아홉 번씩 다듬어 완성했다. 미켈란젤로의 "최후의 심판"(The Last Judgement)은 8년 동안 땀 흘려 완성한 대작이다. 잭 캔필드(Jack Canfield)의 『마음을 열어 주는 101가지 이야기』는 출판사 33곳으로부터 거절당한 후에 비로소 출간되었다. 그리그 헨리 포드는 871번의 실패를 겪은 후에야 사람이 탈 수 있는 자동차를 만들었다. 이는 성실이 가져온 결과였다.

'우리 사회에서 성실과 노력만으로 성공할 수 있다고 여기는가?'라는 어느 언론기관의 설문조사에서 '동의하지 않는다'는 응답이 73.9%였다. 세상적인 관점에서 보면 이러한 결과가 당연할지 모른다. 그러나 우리 크리스천은 하나님 앞에서 성실하게 일할 때 분명히 하나님이 원하시는 형통한 인생을 살 수 있을 것이다.

탁월의 일곱 번째 비결, 시간관리

시간이란 말은 원래 산스크리트어인 'ayn'에서 나온 것으로, '생애'를 의미한다. 즉 시간은 생명이다. 시간은 한정적이어서 더 늘리거나 만들 수 없다. 이런 의미에서 한정된 시간을 어떻게 사용하는가는 탁월함을 발휘하는 중요한 요소이다.

그런데 헬라어에는 시간을 뜻하는 단어가 두 가지 존재한다. '크로노스'는 일반적인 시간, 즉 물량적 의미의 시간을 말한다. 다른 하나는 '카이로스'로 의미를 부여하는 시간이다. 더 쉽게 표현한다면, '지금이 몇 시인가?'는 크로노스의 시간이며, '예수님을 영접한 날(시간)' 등 의미가 부여되는 시간은 카이로스의 시간이다. "인생은 시간으로 이루어진다"고 벤저민 프랭클린(Benjamin Franklin)은 말했다. 어떤 사람은 24시간을 살아가지만 크로노스의 시간을 보내는 사람이 있는가 하면, 어떤 사람은 24시간을 의미 있게 사용해서 좋은 결과를 가져오는 카이로스의 시간을 살아가는 사람이 있다. 쉽게 설명하면 대학 입시를 보는 학생의 5분은 동료와 잡담하는 5분과는 전혀 다른 의미가 있다. 같은 5분이지만 전자는 카이로스의 시간이며 후자는 크로노스의 시간이다. 응급환자의 단 1분은 다른 경우의 100시간보다 중요할 수 있다.

스티브 맥킨리(Steven McKinley)는 "시간은 놀라울 만큼 공정한 은사이다"라고 말했고, 윌 로저스(Will Rogers)는 "하루에 할 수 있는 일은 얼마 되지 않는다. 하루하루가 쌓일 때 무언가를 할 수 있다"고 말했다. 백만장자 오나시스는 성공의 비결을 묻는 질문에 "나는 시간의 가치와 중요성에 대해서 알았기 때문에 하루에 두 시간씩 일을 더 했고, 그런 식으로 일 년에 두 달가량을 벌어 성공할 수 있었다"고 대답했다.

《USA Today》에서는 직장인이 성공하기 위한 시간 관리 전략을 다음과 같이 제시한다. "무슨 일이든 미루지 않고 지금 바로 시작하라. 최고로 능률이 오르는 시간이 언제인가를 파악해서 그 시간에 가장 중요한 일을 하라. 아이디어가 떠오를 때마다 써놓을 수 있는 비상 노트를 꼭 가지고 다니라. 10분간의 휴식시간을 가져라" 등 시간 활용법을 제시했다. 찰스 험멜(Charles Hummel)의 『늘 급한 일로 쫓기는 삶』이라는 책을 보면 "가장 큰 위험은 긴급한 일이 중요한 일을 몰아내게 하는 것이다"고 지적한다.

연구조사에 따르면 평균 나이 75세의 미국 크리스천들이 평생 소모하는 시간의 내용은 다음과 같다. 잠자는 시간 23년(31%), 일하는 시간 19년(25%), TV 시청 및 오락을 즐기는 시간 9년(12%), 옷을 입거나 화장하는 등 개인을 위한 시간 7.5년(10%), 먹고 마시는 시간 6년(8%), 그리고 예배와 기도하는 시간 0.5년(0.7%). 이런 관점에서 시간을 잘 관리하기 위해서는 계획을 잘 세워야 한다. "계획에 실패하면 실패를 계획하는 것이다"라는 격언이 있다.

우리는 특히 아침 세 시간을 잘 계획하고 실행해야 한다. 매일 아침 5시부터 8시까지의 세 시간은 엄청난 에너지를 내포한 시간이다. 이 시간을 어떻게 사용하느냐에 따라 인생이 바뀔 수 있다. 그 시간에 필요한 것은 '레이저 사고(思考)'인데, 모든 에너지와 힘을 집중해야 하는 것이다. 즉, 인생의 우선순위와 가장 소중한 것을 집중해서 생각해야 한다. 다시 말해 시간과 에너지를 가치관과 목표라는 렌즈를 통해 일상생활에 집중시키는 것이다.

시간관리 전문가인 에드윈 블리스(Edwin Blis)는 탁월해지기 위한 노력과 완벽해지기 위한 노력 간에는 차이가 있다고 말한다. 완벽주의는 시간을 낭비한다. 왜냐하면 완벽주의는 불필요한 세부적인 것에 집착하기 때문이다. 우리는 돈뿐만 아니라 시간을 투자하는 법을 배울 필요가 있다. 시간 발견하기, 시간 잡기, 시간 만들기 중에서 특히 시간을 잡기 위해서는

"오직 너희 말은 옳다 옳다, 아니라 아니라 하라"는 마태복음 5장 37절 말씀을 유념해야 한다.

이것은 시간 관리에 있어 'Yes'와 'No'를 분명히 할 수 있어야 한다는 말이다. 조지 휫필드(George Whitefield)는 새벽 4시에 일어나서 밤 10시에 정확히 잠드는 습관이 있었다. 그는 10시만 되면 누가 방문하든, 어떤 대화를 하고 있든 "여러분! 모든 선한 사람이 집에 있을 시간입니다"라고 말하면서 자리에 들었다고 한다. "이기기를 다투는 자마다 모든 일에 절제하나니"(고전 9:25). 즉 자기 자신과의 싸움에서 승리해야만 이길 수 있다.

전 세계적으로 위대한 성취를 한 사람들을 조사해 보면 그들은 보통 사람보다 세 시간 일찍 일어나서 일을 했다는 결과가 있다. 조지 워싱턴은 자기가 성공한 원인을 남보다 일찍 일어나서 두 시간 더 일했기 때문이라고 했다. 나폴레옹도 매우 일찍 일어났고, 웹스터도 새벽 4시에 일어나 일했다. 칸트는 새벽 5시, 에디슨은 6시 30분에 일을 시작했다고 한다. 가장 중요한 사실은 예수님도 새벽 미명에 일어나서 기도로 하루를 시작하셨다는 것이다.

파레토의 원리인 '80:20 법칙'에서는 하루 중 새벽 두 시간만 잘 활용하면 하루의 80%를 달성할 수 있다고 한다. 연구 결과에 따르면 수면 시간을 두 시간 줄이고 하루 식사 시간, 사소한 대화, 레저 시간에서 한 시간 이상을 줄이면 40대인 사람은 약 5년 반 정도 시간을 절약할 수 있다고 한다. 오스트리아의 물리학자 폴 데이비스(Paul Davis)는 그의 책 『시간의 패러독스』에서 "똑같은 시간이라도 사용자에 따라 길거나 짧아질 수 있다"고 말한다.

또한 미국의 언어학자 엘리휴 버리트는 "내가 성공한 것은 재능이 있어서가 아니다. 나는 하루하루의 시간을 꼭 필요한 일에 투자했기 때문에 마침내 뜻을 이루었다"고 말했다. 그는 생계를 유지하기 위해 대장간에 나가 일하면서 흔히 '여가'라고 부르는 소중한 시간을 이용한 결과 약 18개의 고대 언어와 22개의 유럽 방언에 정통한 학자가 되었다.

이 시대 리더십의 문제는 너무나 많은 지도자가 생각할 시간이 없다는 것이다. 이것은 우리 모두에게 해당하는 문제이다. "그런즉 너희가 어떻게 행할지를 자세히 주의하여 지혜 없는 자 같이 하지 말고 오직 지혜 있는 자 같이 하여 세월을 아끼라 때가 악하니라"(엡 5:15-16).

탁월의 여덟 번째 비결, 유머

세계은행 총재인 제임스 울펀슨(James Wolfensohn)이 핀란드 헬싱키에서 기자회견을 갖던 중 신원미상의 한 남자에게서 얼굴에 파이 세례를 받았다. 기자회견장에 참석한 사람들이 당황해하고 있을 때 울펀슨은 "맛은 좋지만 다이어트를 망쳤다"고 말하면서 그곳을 웃음바다로 만들었다.

유머는 타이밍이 생명이다. 유머의 AT&T는 미국의 통신회사 이름이 아니라 '적당히'(Appropriately), '시의 적절하게'(Timely) 그리고 '다정하게'(Tend)의 약자이다.

'웃어서 생긴 주름살은 아름답다'는 격언이 있다. 철학자 아리스토텔레스는 "웃음은 신이 인간에게 주신 최고의 선물"이라고 말했다. 인간만이 웃음으로 자신의 감정을 표현할 수 있기에 웃음이 최고의 선물이라고 말한 것이다. 웃음은 긴장을 풀어 주고 조급한 마음을 가라앉혀 주는 진정제이며, 건강을 지켜 주는 양약이다. 그는 웃음 예찬론자로 인간을 '웃을 줄 아는 동물' 즉, '호모 휴머러스'라고 생각했다.

연구결과에 따르면 10초만 웃으면 3분 동안 열심히 땀을 흘려 노를 젓는 것과 똑같은 효과를 거둘 수 있고, 15초만 웃으면 평균적으로 이틀 정도 수명이 연장된다고 한다. 웃음은 믿음 있는 자의 신앙고백과도 같다. 웃음은 스트레스를 해소시키고 혈압을 떨어뜨리며 혈액순환을 개선시키는 효과가 있다. 이는 웃을 때 통증을 진정시키는 호르몬이 분비되기 때문이다.

『베드로의 얼굴이 빨간 이유』라는 책을 보면 화가 라파엘이 그의 유명한 바티칸 천장벽화를 그리고 있을 때, 주교 두 사람이 그 앞에 멈춰 서서 그림을 보고 대화하는 장면이 나온다. "사도 베드로의 얼굴이 너무 빨개." 라파엘은 이렇게 대답했다. "교회를 타락시킨 사람들의 손을 보고 있자니 낯이 뜨거운 것입니다." 유머이지만 뼈 있는 말이다.

헨리 비처(Henry W. Beecher)는 "자연스럽게 생기는 웃음이 없는 사람은 용수철 없는 마차와 같다"고 표현하기도 했다. 특히 직장생활에서 유머는 위기 순간이나 어려울 때 더욱 빛을 발한다. 유머 능력을 키워 보도록 하자. 얼굴 붉힐 일이나 어려운 일도 쉽게 해결할 수 있을 것이다.

탁월의 아홉 번째 비결, 네트워크

현대 사회는 정보 폭발의 시대이다. 그래서 '어떻게 해야 하는가'의 노하우(Know-how)보다 '어디에 가면 필요한 정보를 구할 수 있는가'를 아는 노웨어(Know-where)가 더 중요하다. 과거에는 혼자서 북 치고 장구 치는 사람이 유능하다고 인정받았지만, 정보 사회에서는 조직과 조직, 사람과 사람을 연결하는 네트워크의 폭과 깊이가 개인의 능력을 재는 잣대가 되었다.

부와 명예를 상징하는 상품을 들라면 주저 없이 메르세데스 벤츠를 꼽을 수 있다. 그들은 '최고가 아니면 만들지 않는다'라는 정신으로 일한다. 이런 정신의 출발은 엔지니어 칼 벤츠(Karl Benz)와 고틀립 다임러(Gottlieb Daimler)의 결합에서 출발했다. 경쟁 관계에 있던 두 회사가 1차 세계대전

후 불황을 극복하기 위해 합병함으로써 20세기 최고의 자동차 역사를 창조했다. 이것이 네트워크의 유익이다.

네트워크를 통해서 얻을 수 있는 효과를 시너지(synergy)라고 한다. 그 의미는 함께 일해서 얻는 상승 작용을 말한다. 네트워크를 통한 시너지와 'Win-Win'(승승) 전략은 복음을 효과적으로 전하는 방법이라 생각한다. 누군가와 확고한 유대 관계를 맺으면 신뢰의 범위가 점점 확대되어 네트워크가 형성된다. 우리 몸의 근육 하나하나는 가늘고 힘이 없지만 모든 근육을 모아 한 방향으로만 끌어당기면 약 25톤가량을 움직일 수 있는 힘이 생긴다고 한다. 시너지와 네트워크의 힘은 바로 이러한 것들로 이해할 수 있다. 우리에게는 서로를 성장시킬 수 있는 사람들이 필요하다. 이들은 주님의 일에 더욱 쓸모 있는 자들이 되도록 서로의 성장에 도전을 주는 사람들이다.

네트워크가 주는 장점은 여러 가지가 있다. 네트워크는 서로를 격려한다. 네트워크는 꿈이 제 길로 가도록 도와준다. 네트워크는 장애를 예측하고 피할 준비를 하도록 한다. 이처럼 네트워크는 모든 사람에게 유익을 준다. "한 사람이면 패하겠거니와 두 사람이면 맞설 수 있나니 세 겹 줄은 쉽게 끊어지지 아니하느니라"(전 4:12). 이렇게 네트워크는 서로를 탁월하게 하는 상승작용을 가져다준다.

탁월한 왕따 직장인의 영성

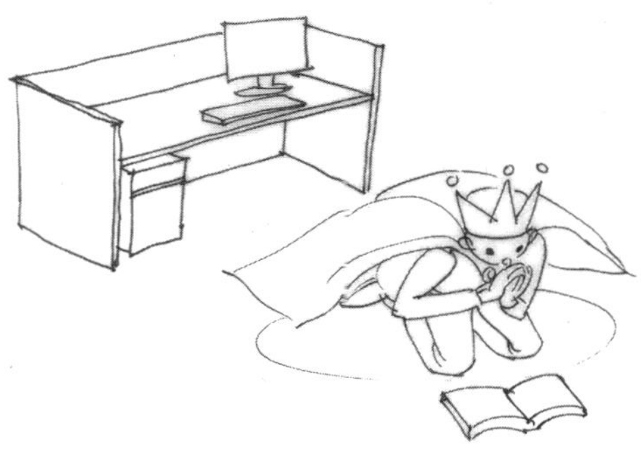

루터처럼 두 시간 기도하라

종교개혁자 루터는 "나는 너무 바쁘기 때문에 두 시간 기도하지 않으면 하루를 승리할 수 없다"고 말했다.

나 역시 새벽 시간을 하나님께 드리지 않으면 탁월한 왕따가 될 수 없음을 스스로 발견하면서 그 비밀을 깨닫기 시작했다. 왜 새벽을 깨우면서 루터가 두 시간 기도했고, 예수님께서 그 피곤하고 바쁘신 중에도 새벽 미명에 일어나 기도하셨으며, 여호수아가 일찍 일어나 하나님께 나아갔는지를 새롭게 알 수 있었다. 그들이 새벽의 사람이었던 것은 새벽에 도우시고 말씀하시는 하나님을 만났기 때문이다. 결국 기도할 수밖에 없는 것은, 기도 시간이 바로 '탁월한 왕따'만이 갖는 특권이며, 기도의 필요를 아는 새벽 인생들만이 승리할 수 있음을 알기 때문이다.

우리가 자주 경험하는 사실은 하루가 분주하고 복잡할수록 기도하지 않으면 결국 분주함의 노예가 되어 이리저리 끌려 다닐 수밖에 없다는 것이다. 그런데 문제는 이 분주함이 사단이 우리를 넘어뜨리는 도구임을 뻔히 알면서도 그리스도인은 너무나 쉽게 속아 넘어간다는 것이다.

하나님은 질서의 하나님이시다. 새벽 시간에 무릎을 꿇는다는 것은 질서의 하나님께 먼저 하루의 삶을 위탁하는 것이며, 세월을 아끼는 방법을 하나님께 배우는 것이다. 비전이 없는 사람은 이 시간을 낭비하면서 좀 더 자자 좀 더 눕자고 말한다. 그러나 탁월한 왕따는 같은 시간을 살아가면서 하나님께 나아가 하루를 설계하고 세월을 아끼는 지혜를 배우며 친밀감을 갖는다.

시간 활용을 위한 책들을 보면 자고 일어나는 형태에 따라 세 가지 유형으로 분류하는데, 첫째는 조기취침형으로 일찍 자고 일찍 일어나는 형이다. 둘째는 만기만침형으로 늦게 자고 늦기 일어나는 형이다. 셋째는 조기만침형으로 늦게 자고 일찍 일어나는 형이다. 당신은 어떤 부류의 사람인가? 시편 46편 5절을 보면 "새벽에 하나님이 도우시리로다"라고 시편 기자는 새벽의 위력을 노래한다. 결국 우리의 싸움은 혈과 육의 싸움이 아니기에 기도한 만큼 승리할 수 있다. 또한 기도하는 사람은 반드시 탁월하게 주님을 따르는 탁월한 왕따가 될 것이다.

탁월한 왕따가 되기를 원하는 그리스도인들이여, 새벽에 하나님께 나아가자. 그리고 그 시간에 당신을 향한 하나님의 부르심이 무엇인지 기도하자. 아무리 좋은 직장에서 일한다고 해도 자신이 그 일에 보람과 사명을 느끼지 못한다면 일하는 것이 무의미하고 어려울 수밖에 없다. 흔히 직장에서 적응하지 못하는 크리스천들은 왜 이 직장에서 일해야 하는지 도무지 의미를 발견할 수 없다는 말을 자주 한다. 일에 대한 의미와 보람을 찾을 수 없다면 당연히 이러한 고민에 빠질 수밖에 없다.

사도 바울은 에베소 교인들을 향해 이렇게 기도한다. "우리 주 예수 그리스도의 하나님, 영광의 아버지께서 지혜와 계시의 영을 너희에게 주사 하나님을 알게 하시고 너희 마음의 눈을 밝히사 그의 부르심의 소망이 무엇이며 성도 안에서 그 기업의 영광의 풍성함이 무엇이며 그의 힘의 위력으로 역사하심을 따라 믿는 우리에게 베푸신 능력의 지극히 크심이 어떠한 것을 너희로 알게 하시기를 구하노라"(엡 1:17-19).

우리는 세상에서 우리의 정체감을 분명히 해야 한다. 한 소금 인형이 있었다. 그는 자신이 누구인지 알고 싶었다. 그래서 소금 인형은 벌에게 물었다. "벌아! 벌아! 혹시 내가 누군지 아니?" "글쎄, 아마도 나보다 세상을 더 많이 돌아다니는 바람이 알지 않겠니?" 그래서 소금 인형은 바람에게 물어보았다. "바람아 바람아, 내가 누군지 말해 주겠니?" "글쎄, 나보다 산이 훨씬 크니까 산에게 물어보겠니?" 소금 인형은 산에게 물어보았다. 하지만 산도 대답하기를, "나보다는 큰 바다가 알지 않겠니?"라고 말했다. 그래서 소금 인형은 마지막으로 바다에게 가서 물었다. "그래, 조금만 가까이 와. 조그만 더 가까이." 바다가 소금 인형을 부르자 소금 인형은 바다에 들어갔고, 결국 머리가 바다에 완전히 잠겼을 때 비로소 자신이 누구인지 알 수 있었다. 이처럼 우리 크리스천도 자신이 누구이며 하나님의 부르심이 무엇인지를 아는 것이 참으로 중요하다.

분명한 사실은 자신의 정체감을 알면 그때부터는 사는 방법과 태도가 달라진다는 것이다. 흔히 직장 안에는 네 가지 유형의 그리스도인이 있다고 한다. 첫째, 믿음도 좋고 업무에도 탁월한 사람. 둘째, 믿음은 좋은데 업무에는 능력이 없는 사람. 셋째, 믿음은 안 좋아도 업무는 탁월한 사람. 넷째, 믿음도 안 좋고 업무에도 능력이 없는 사람. 당신은 과연 몇 번째 유형의 크리스천인가? 지금 자신이 있는 일터가 바로 하나님이 나를 보내신 곳이라는 사실을 깨닫는 순간, 당신은 일하는 태도가 달라진다.

요셉은 결코 좋은 환경에서 총리가 되지 않았다. 그는 보디발의 집에서 종으로 일할 때에도, 여주인의 모함으로 감옥에 갇혔을 때에도 하나님의 부르심을 알았기에 성실하게 하나님을 의지하며 모든 일을 해 나갔다. 자신의 부르심을 아는 사람은 그가 있는 장소를 변화시키는 영향력이 있다. 또한 자신의 분명한 부르심을 이해하고 있는 사람은 자신의 위치에서 최선을 다할 수 있을 뿐만 아니라 환경과 사람을 변화시킬 수 있다. 아직도 자신의 일터에서 부르심을 발견하지 못했다면 우리는 부르심의 소망이 무엇 인가를 위해 기도해야 한다.

탁월한 멘토와의 만남을 위해 기도하라

오스왈드 샌더스(Oswald Sanders)는 "젊은 사람의 인격과 성공은 그에게 주어진 시간을 누구와 더불어 어떻게 사용했는가에 따라 크게 좌우된다"고 했다. 결국 우리의 인생에서 어떤 탁월한 멘토를 만나느냐는 참으로 중요하다. 멘토링이나 멘토라는 말이 학계의 주목을 받기 시작한 것은 1978년 미국 예일 대학의 다니엘 레빈슨(Daniel Levinson) 교수의 저서 *The Season Of Mans Life*(남성의 삶의 계절)가 출간되면서부터였다. 멘토링은 트레일러와 차를 연결하는 연결핀과 같다. 연결핀은 1달러도 안 되지만 수백 또는 수천 배의 무거운 짐수레를 끄는 동력을 만드는 역할을 한다. 그래서 좋은 멘토를 만나는 것은 중요하다.

나에게는 변하지 않는 두 가지 기도제목이 있다. 첫째는, 좋은 멘토와의 만남이고 둘째는, 앞에서 말한 것처럼 지혜를 구하는 기도이다. 성경은 좋은 만남이 그 얼굴을 빛나게 한다고 말한다. "철이 철을 날카롭게 하는 것 같이 사람이 그의 친구의 얼굴을 빛나게 하느니라"(잠 27:17). 마크 트웨인(Mark Twain)은 "그대가 품은 야망을 하찮게 여기는 사람을 멀리하라. 작은 인물들이 언제나 그런 행동을 한다. 큰 인물을 가까이하라. 그러면 그대로 커진다"고 말했다. 그렇다. 자신의 진정한 가치와 재능을 인정해 주는 멘토를 만날 때 자신도 그 멘토의 비전과 멘토링을 통해 성장하고 결국 그 사람처럼 멘토의 자리에 설 수 있다.

당신은 일터 속에서 당신이 성장할 수 있도록 도와주는 큰 인물을 만나야 한다. 볼프강 폰 괴테(Johann Wolfgang von Goethe)는 "당신이 어떤 사람을 유능하고 큰 인물인 것처럼 대해 준다면 그 사람은 유능하고 큰 인물이 될 것이다"라고 말했다. 맞는 말이다. 당신은 그런 멘토를 만나야 한다. 또한 멘토와의 관계를 어떻게 발전시켜 가느냐도 중요하다. 이 관계는 마치 나무를 심고 물을 주는 것과 같다. 계속 물을 주고 가꾸면 자라나지만, 그냥 놔두면 시들어 버린다. 좋은 멘토를 만나는 일도 중요하지만, 그것을 유지하기 위해서는 멘토와의 지속적인 만남을 위해 자신도 노력해야만 한다.

역사 속에서 혼자 괄목할 만한 업적을 이룬 사람은 거의 없다. 어니스트 헤밍웨이(Ernest Hemingway)가 1919년 앤더슨을 시카고에서 만날 때까지 그는 전혀 글 쓰는 일에 문외한이었다. 그의 첫 소설은 바로 『태양은 다시 떠오른다』였는데, 앤더슨이 헤밍웨이를 출판사에 소개한 것이 그가 유명 작가가 되는 계기가 되었다. 앤더슨은 그 외에도 토마스 울프(Thomas Wolfe), 존 스타인백(John Steinbeck) 등의 작가들을 도왔으며, 그들 중 세 사람은 노벨문학상을 받았고, 네 사람은 퓰리쳐 문학상을 받았다.

존 맥스웰(John C. Maxwell)은 "상위 1% 내에 드는 위대한 지도자들은 한 가지 공통점을 가지고 있는데, 바로 지도자에게 가장 중요한 일이 좋은 인재들을 발굴하고 그들을 주위에 두는 일임을 믿는 것이다"라고 말했다. 지도자는 양손에 두 개의 양동이를 들고 있는데, 하나는 물이 든 양동이이고, 다른 하나는 휘발유를 든 양동이이다. 어느 것을 선택하느냐에 따라 사람들의 재능을 계발시킬 수도 있고 그렇지 못할 수도 있다.

한 보석업자가 티크손 광석 전시회에 갔다가 감자만한 크기의 파란색 돌을 발견했다. 그는 그것을 한참 들여다보다가 상인에게 최대한 침착하게 물어보았다. "이걸 15달러면 팔겠습니까?" 그러자 상인은 그것이 다른 광석에 비해 별로 예쁘지 않았음을 알고 10달러에 팔겠다고 했다. 하지만 그 광석은 1,905캐럿의 자연석 사파이어로 판명되었다. 그것은 종래의 가장 큰 사파이어보다 800캐럿이나 더 큰 것이었다. 그 사파이어는 약 220만 달러의 가치가 매겨졌다. 광석을 사랑하는 사람만이 사파이어의 진짜 가치를 알 수 있다. 진정한 멘토는 그 사람의 가치를 알아 주고 인정해 주며 그 분야에서 실력을 발휘할 수 있도록 도와주는 사람이다. 디모데는 교회 지도자였을 때 나이가 그리 많지 않았다. 또한 그는 나약한 분위기에서 양육받았고 건강도 그리 좋지 못했다. 천성적으로 소심한 성격 역시 개선해야 할 부분이었다. 그런데 바울의 엄격한 수준, 높은 기대, 무거운 준수 사항들이 그를 뛰어난 사람으로 만들었다.

아르키메데스(Archimedes)는 "내가 설 곳을 주면 나는 세상을 움직일 것이다"라고 했다. 공간을 제공해 주는 것은 사람들에게 "당신이 하고 있는 일은 우리에게 중요한 일입니다"라고 말하는 것과 같다. 중국 속담에 "유능한 사람 뒤에는 항상 다른 유능한 사람이 있다"는 말이 있다. 당신이 세상에서 탁월한 왕따가 되고 싶다면 진정으로 당신을 돕고 격려해 주며 이끌어 줄 탁월한 멘토와의 만남을 위해 기도해야 한다.

QT로 영혼을 조율하라

나는 아침에 집을 나서기 전 꼭 거울을 본다. 그 이유는 나의 모습이 다른 사람에게 어떻게 보일지를 살펴보기 위함이다. 일종의 자기 관리인 셈이다. 만약 아침에 너무 바빠서 세수하지 못하고 일터에 나간다면 먼저 내 자신이 부끄러울 것이고 그 사실을 상대방이 알게 된다면 그 사람 또한 그럴 것이다. 마치 조율이 안 된 악기로 연주할 때 그것이 소음으로 들리는 것과 같다. 하물며 영혼의 조율(調律)인 말씀 묵상을 하지 않고 출근을 한다거나 사람들을 만난다면 어떻게 되겠는가? 아침 첫 시간에 하나님과의 만남을 통해 자신의 영혼 상태를 점검하고 조율할 때 우리는 일터 사람들에게 사뭇 달라진 모습을 보여 줄 수 있을 것이다.

우리가 탁월한 영성을 가진 왕따가 되기 위해서는 아침마다 영적 조율이 필요하다. 크리스천은 일터에서 만나는 수많은 사람에게 자신의 모습을 통해 그리스도를 보여 주어야 한다. 그러기 위해서는 영혼의 조율이 항상 잘 되어 있어야 하고, 이를 통해 자연스럽게 삶 속에서 복음을 증거할 수 있어야 한다. 요한복음 14장 8절을 보면 빌립과 예수님이 대화하는 장면이 나온다. "빌립이 이르되 주여 아버지를 우리에게 보여 주옵소서 그리하면 족하겠나이다." 빌립은 하나님을 직접 보고 싶었다. 그때 예수님은 아버지에 대해 복잡하게 설명하지 않으시고 다음과 같이 대답하셨다. "예수께서 이르시되 빌립아 내가 이렇게 오래 너희와 함께 있으되 네가 나를 알지 못하느냐 나를 본 자는 아버지를 보았거늘 어찌하여 아버지를 보이라 하느냐"(9절).

예수님은 우리가 세상 사람들에게 이렇게 보이기를 원하실 것이다. "당신을 보면 예수님이 보입니다." 세상에서 탁월한 왕따로 주님을 좇기 위해서는 영성이 중요하다. 또한 날마다 하루를 시작할 때 말씀 묵상을 통해 영혼을 조율하는 것이 필요하다.

나는 일어나자마자 무릎을 꿇고 기도하면서 바로 큐티를 하는데 놀라운 것은 그 시간에 내 영혼의 상태를 조율할 수 있을 뿐만 아니라 하루 동안에 어떻게 사람들을 만나고 일정을 효과적으로 진행할 것인지를 깨달을 수 있다는 점이다. 큐티 시간은 단순히 말씀을 보는 시간이 아니라 하나님과 함께 앉아 그분의 말씀을 듣고 대화하는 시간이다. 찰스 홈멜(Charles Hummel)에 따르면 "하나님 아버지가 작성하신 일정을 의지하는 태도 때문에 예수님은 사람들을 위해 시간을 보내면서도 전혀 스트레스를 받지 않으신 것처럼 보인 것이다"라고 말했다.

시편 기자는 "주의 말씀을 열면 빛이 비치어 우둔한 사람들을 깨닫게 하나이다"(시 119:130)라고 고백한다. 당신에게 작전 타임이 있는가? 작전 타임을 낼 수 있는 시간이 없다고 생각하는 바로 그때가 작전타임이 가장 필요한 때다.

직장인들은 날마다 새로운 '요단강'을 만난다. 그들은 불가능해 보이거나 어려워 보이는 문제뿐만 아니라 상사와 부하 직원 간의 관계 등 쉽게 풀리지 않는 문제로 씨름한다.

이러한 요단강을 건너기 위해서 우리는 두 가지 사실을 기억해야 한다. 첫째, 이스라엘 백성이 요단강을 건널 때 군대나 지도자를 백성 앞에 세우지 않고 하나님의 법궤를 앞세우고 요단강을 건넜다는 것이다. 둘째, 믿음으로 발을 요단강에 내디디고 힘차게 나아갔다는 것이다. 우리가 탁월한 왕따로 살기 위해서는 날마다 영혼의 조율이 필요하다. 영혼의 조율이 잘 될 때 찾아오는 영혼의 안정감이 일터에서 효과적으로 일하게 할 뿐만 아니라 탁월한 영성으로 사람들을 전도할 수 있게 해 준다.

탁월함에 이르는 다섯 가지 자기 관리 영역

누가복음 2장 52절의 "예수는 지혜와 키가 자라가며 하나님과 사람에게 더욱 사랑스러워 가시더라"는 말씀은 예수님의 지속적인 성장과 그에 따른 탁월성을 잘 보여 준다. 예수님의 탁월한 자기 관리 영역 다섯 가지를 살펴보면 다음과 같다.

첫째, 지적 관리 영역

먼저 예수님은 지혜가 자라났다고 성경은 말한다. 지혜와 지식은 어떤 차이가 있는가? 지식은 지혜에 의해 활용된다. 다시 말해 지혜는 지식을 활용하는 힘이다. "무릇 슬기로운 자는 지식으로 행하거니와 미련한 자는 자기의 미련한 것을 나타내느니라"(잠 13:16). 그리스도인이 일터에서 탁월하게 왕을 따르는 왕따가 되기 위해서는 지적 관리를 잘해야 한다.

얼마 전 책을 번역하는 분에게 물어보았다. "하루에 신간이 몇 권이나 나옵니까?" 놀랍게도 하루에 400권의 신간 서적이 출판되고, 세계적으로 보면 하루에 6천 권의 신간이 쏟아진다고 한다. 당신은 그중 책을 몇 권 정도 읽는가? 우리는 대부분 분명하면서도 비슷한 답을 한다. 하루가 아니라 한 달 동안에도 책을 몇 권 읽지 않기 때문이다.

탁월한 지도자(Leader)들은 한결같이 독서가(Reader)들이었다. "독서는 영감(靈感)의 우물을 다시 채우는 것이다"라고 하롤드 옥켄지(Harold J Ocenge)는 말했다. 나폴레옹은 전쟁 중에도 책을 손에서 놓지 않았다. 이것이 그가 탁월한 전략과 용병술을 발휘할 수 있었던 요인이었다.

바울은 디모데후서 4장 13절에서 "네가 올 때에 내가 드로아 가보의 집에 둔 겉옷을 가지고 오고 또 책은 특별히 가죽 종이에 쓴 것을 가져오라"고 말한다. 바울은 계속적으로 책이 필요했던 것이다. 또한 바울은 디모데에게 읽는 것에 열심을 내라고 주의하고 권면한다(딤전 4:14).

요한 웨슬리는 독서에 열정을 보였는데 대부분 말 위에서 책을 읽었다. 그는 말안장 앞머리에 과학 혹은 역사, 의학 책을 받치고 여행했는데, 그런 방법으로 수천 권을 독파했다. 직장인이 늙어 가는(?) 징조 중 하나는 바로 책을 멀리하는 것이라고 한다. 인간의 두뇌는 하루에 만 가지 생각을 처리할 수 있다고 한다. 만약 인간의 두뇌를 컴퓨터로 만든다면 엠

파이어스테이트 빌딩 크기만한 컴퓨터가 필요하다. 그리고 이것을 냉각하는 장치를 만들기 위해서는 나이아가라 폭포만큼의 물이 있어야 한다. 하나님은 우리를 이렇게 신묘막측(神妙莫測)하게 만드셨다고 시편 기자는 노래한다(시 139:14).

계발만 하면 무한한 가능성이 우리 앞에 놓여 있다. 바울은 자신이 지닌 지식을 통해 복음을 전했다. 모세도 왕궁에 머물렀던 시간이나 광야에서 양을 치던 시간을 통해 준비 시간을 가졌다. 바울은 고백한다. "또한 모든 것을 해로 여김은 내 주 그리스도 예수를 아는 지식이 가장 고상하기 때문이라 내가 그를 위하여 모든 것을 잃어버리고 배설물로 여김은 그리스도를 얻고"(빌 3:8). 모세도 마찬가지였다. "모세가 애굽 사람의 모든 지혜를 배워 그의 말과 하는 일들이 능하더라"(행 7:22). 예수님과 성경 인물의 탁월함을 닮아 가기 위해서는 지혜가 자라도록 지식을 관리하고 발전시켜 나가야 한다.

둘째, 건강 관리 영역

성경에는 예수님이 편찮으셔서 사역하지 못하셨다는 말씀이 단 한 군데도 없다. 즉 예수님은 건강관리를 잘하셨다. 마가복음 1장 21-35절에 보면, 예수님의 하루 일과를 확인할 수 있다. 아침(21-28)에는 회당에서 사람들을 가르치셨고 귀신을 쫓아내는 사역을 하셨다. 점심(29-31절)에는 시몬

장모의 열병을 고치셨고, 저녁(32-34절)에는 병자와 귀신 들린 자를 고치셨다. 그런 분주함 속에서도 새벽(35절)에는 홀로 기도하셨다.

바쁜 일정을 보내시면서 예수님은 언제 건강관리를 하셨을까? "기도하러 따로 산에 올라가시니라 저물매 거기 혼자 계시더니"(마 14:23)라는 말씀을 통해 예수님이 기도하러 산에 올라가시면서 운동(등산?)하셨을 가능성을 생각해 볼 수도 있다.

고린도전서 3장 16절의 "너희는 너희가 하나님의 성전인 것과 하나님의 성령이 너희 안에 계시는 것을 알지 못하느냐"라고 지적하는 사도 바울의 음성을 들어보라. 우리가 건강을 유지하고 관리해야 할 이유는 바로 우리 몸이 하나님의 성전이기 때문이다. 우리 몸은 사용하지 않으면 잃게 된다. 규칙적인 운동은 몸의 순환을 개선하고 심장과 폐의 기능을 강화시켜 준다. 또한 수많은 육체적·정신적 질병을 극복하는 데 도움을 준다.

셋째, 영적 관리 영역

그리스도인에게 영적 관리는 어느 영역보다도 중요하다. 예수님은 매일 새벽 미명에 하나님과 친밀감 있는 시간을 보내셨다. 바로 그 시간이 예수님이 영적 충만을 받는 시간이었으며, 사역을 지속할 수 있는 비밀의 시간이었다.

모세의 경우, 출애굽기 33장 11절의 "사람이 자기의 친구와 이야기함 같이 여호와께서는 모세와 대면하여 말씀하시며”라는 본문을 통해 하나님과 얼마나 영적인 친밀감을 가졌는지 확인할 수 있다. 모세가 호렙산에서 내려올 때 이스라엘 백성이 그 얼굴을 보며 놀랐다고 기록되어 있다. 그 이유는 바로 모세의 얼굴에서 광채가 났기 때문이다. 하나님과의 40일 밤낮으로 친밀한 교제를 나누자 하나님의 영광이 그의 얼굴에 나타났다.

그리스도인이 자신의 영성을 관리하면 그것은 어디에서 드러나는가? 바로 얼굴이다. ‘얼굴’이라는 단어를 풀어 보면 ‘얼’은 ‘Soul’ 즉 영혼을 나타내며, ‘굴’은 ‘Form’을 의미한다. 즉 얼굴은 ‘영혼의 상태’인 것이다. 우리의 영적 관리는 우리 영혼의 상태인 얼굴에서 드러난다. 그래서 성경은 마음의 기쁨이 얼굴에 나타난다고 말한다. “마음의 즐거움은 양약이라도 심령의 근심은 뼈를 마르게 하느니라”(잠 17:22). 이런 의미에서 영적 관리는 삶의 영역에서 가장 중요하다. 다윗은 하나님과의 친밀감을 유지하는 방법을 우리에게 가르쳐 주고 있다. “여호와의 친밀하심이 그를 경외하는 자들에게 있음이여 그의 언약을 그들에게 보이시리로다”(시 25:14). 하나님과의 친밀감 있는 교제를 위해서는 하나님을 경외하라고 말씀하신다. 그리고 더불어 다윗은 고백한다. “내가 여호와를 항상 내 앞에 모심이여 그가 나의 오른쪽에 계시므로 내가 흔들리지 아니하리로다”(시 16:8).

하나님과의 친밀감은 우리 삶에 안정감을 준다. 그렇다면 안정감이란 무엇인가? 그것은 쉽게 흔들리지 않는 믿음의 기초이다. 하나님과 영적 친밀감이 생기면 안정감이 생긴다. 하나님을 항상 내 앞에 모시면 영적 안정감이 생길 뿐만 아니라 영적 관리에서 가장 중요한 경건 시간을 갖게 된다. "내가 주께 범죄하지 아니하려 하여 주의 말씀을 내 마음에 두었나이다"(시 119:11). 당신의 첫 시간에 무엇을 보느냐가 하루의 생각을 좌우한다. 경건의 시간을 통해 우리는 마음에 말씀을 둔다. 그것이 당신의 삶을 지켜 주고 영적으로 성장시켜 준다. 다른 영역에서 성공한다고 해도 이 영적 관리에서 실패한다면 아무런 의미가 없다. 그렇다면 말씀이 우리 안에 거하면 어떤 삶의 변화가 이루어지는가? "그것이 네가 다닐 때에 너를 인도하며 네가 잘 때에 너를 보호하며 네가 깰 때에 너와 더불어 말하리니"(잠 6:22). 즉 하나님의 말씀이 우리의 인생길을 친히 인도하신다.

예수님은 분주함 속에서도 하루의 첫 시간을 하나님과 함께하시면서 보내셨다. 그분은 하나님이 공급해 주시는 영적인 힘으로 사역하셨다. 우리도 마찬가지다. 우리가 말씀 앞에 겸손히 엎드릴 때 말씀이 우리의 삶을 보호하고 인도할 것이다. 우리도 영적 관리를 위해 경건 시간에 우선순위를 두어야 한다.

넷째, 사회적 관리 영역

누가복음 2장 52절에서는 예수님이 자라갈수록 사람들 앞에서 더욱 사랑스러워지셨다고 기록한다. 크리스천 직장인들에게 직장생활 중 가장 어려운 것이 무엇인가를 물어보면 대인관계가 가장 힘들다고 한다. 뿐만 아니라 여론 조사를 해 보아도 많은 직장인이 일보다는 인간관계 때문에 회사를 그만 두거나 스트레스를 받는 것으로 나타났다. 그리스도인은 예수님이 대인관계의 영역에서 성숙해지고 사람과의 관계를 잘 유지하셨음을 보면서 성숙된 사회적 관리법을 배워야 한다.

예수님의 대인관계를 단적으로 알 수 있는 한 가지 사건이 있는데 "예수께서 한 어린 아이를 불러 그들 가운데 세우시고"(마 18:2)라는 말씀이다. 어린아이들의 특징은 어려운 사람에게는 잘 가지 않는다는 것이다. 그런데 예수님의 사역 현장에는 언제나 어린아이들이 많았다. 예수님은 어린아이들과 좋은 관계를 맺으셨다. "그 때에 사람들이 예수께서 안수하고 기도해 주심을 바라고 어린 아이들을 데리고 오매 제자들이 꾸짖거늘 예수께서 이르시되 어린 아이들을 용납하고 내게 오는 것을 금하지 말라 천국이 이런 사람의 것이니라 하시고"(마 19:13-14). 오병이어의 기적도 어린아이가 가져온 도시락으로 수천 명의 사람들을 배불리 먹인 사건이다.

성도 중에 믿음은 좋은데 성격이 모난 사람들이 있다. 예수님의 성품은 온유하고 친근감이 있으셨다. 우리가 직장생활을 하면서 궁극적으로 사람들을 전도할 수 있어야 하기에 직장 동료나 이웃과 대인관계를 제대로 맺는 것이 중요하다. "자녀들아 우리가 말과 혀로만 사랑하지 말고 행함과 진실함으로 하자"(요일 3:18)라는 사도 요한의 말씀 속에서 진정한 대인관계의 원리를 발견해 보자. 예수님은 사회적 관리 영역에서 탁월한 분이셨으며, 우리는 그분의 탁월함을 닮아 가야 한다.

다섯째, 평가 영역

평가는 목표를 성취하게 하는 좋은 수단이며, 매우 적절한 자극제이다. 소크라테스는 "세계를 움직이려고 하는 사람은 먼저 그 자신을 움직이라"고 말했다. 대부분의 크리스천은 계획은 잘 세우지만 그 진행과 결과에 대한 평가는 부족하다. 경건의 시간에 주신 말씀을 하루 동안 잘 적용했는가에 대한 평가가 없다면 효과적인 큐티를 한 것이 아니다.

평가는 탁월하게 하는 중요한 영역이다. 중국 속담에 "말로 하면 잊을 것이다. 보여 주면 기억할지도 모른다. 하지만 경험하게 하면 확실히 이해할 것이다"라는 말이 있다. 즉, 평가하면 탁월해질 수 있다. "서로 돌아보아 사랑과 선행을 격려하며"(히 10:24). 평가란 돌아보는 것이다.

예수님은 지적 관리, 건강 관리, 영적 관리, 사회적 관리를 잘하셨다. 더불어 우리는 한 가지 평가의 영역을 더 잘 관리해서 모델 되신 예수님을 닮아 가는 탁월한 왕따들이 되어야 한다.

에필로그

나는 세상에 관심이 많다. 주님의 관심도 역시 세상에 있으셨다. "하나님이 세상을 이처럼 사랑하사 독생자를 주셨으니 이는 그를 믿는 자마다 멸망하지 않고 영생을 얻게 하려 하심이라"(요 3:16).

주님의 관심이 세상에 있기에 나 또한 세상에서 그리스도인이 어떻게 살아야 하는가를 구체적으로 설교하고 그들이 신앙생활을 잘하도록 도와야 한다고 생각했다.

사실 얼마나 많은 크리스천이 일터에서 갈등을 겪으면서 살아가고 있는지 아는가? 그런데도 교회에서는 이런 문제에 대해 속시원하게 말해 주거나 적절한 대안을 주지 못하고 있다. 나는 이렇게 말 못하는 크리스천 직장인들의 고민과 삶 속에서 부딪히는 문제를 속 시원하게 풀어 주고 싶다.

그동안 크리스천들은 아침이 되면 당연히 일터에 나가 일하고 그 대가로 월급을 받아 생활하는 것이라고 생각해 왔다. 그러나 외환위기를 겪으면서 일한다는 것이 얼마나 큰 축복인가를 경험하였다. 실직과 이직 등으로 삶의 위기를 만난 그리스도인이 많아지면서 이제 이런 문제를 어떻게 해결해야 할지 교회가 직장인들에게 관심을 갖게 되었다.

이제 근본적인 대안을 제시할 필요가 있다. 위기 속에 일터를 떠나는 많은 그리스도인을 만나면서 그들이 공통적으로 하는 말은 직장에 있을 때 좀 더 주님의 뜻대로 살지 못한 것이 아쉽다는 것이었다. 결국 그리스도인에게조차 직장은 '그냥 일하는 곳'이라는 체념적 직업관이 존재한다.

목회자는 교회에서 신실한 그리스도인이면 당연히 사회에서도 그럴 것이라고 생각하지만 사실 그것은 오해다. 언제부터 한국 교회가 영향력을 잃어 왔는가를 잘 살펴보면 충분히 이해될 것이다. 교회가 부흥하는 것은 감사하고 기쁜 일이다. 그러나 수많은 크리스천이 세상의 방식대로 살아가는 것에 교회는 길을 제대로 안내해 주지 못했다. 세상 속 일터에서도 크리스천이 교회에서처럼 경건하고 신실하게 살아가는 모습을 보고 싶다. 그리고 세속적인 의미의 성공을 지향하는 사람들이 하나님이 주시는 탁월함을 추구하면서 세상에 영향력을 끼치고 세상을 변화시킬 수 있기를 진정으로 소망한다.

　　탁월함은 결코 '1등주의'가 아니다. 하나님이 주신 재능을 개발하여 살아갈 때 얻을 수 있는 열매가 탁월함이다. 이제 기도하기는 교회와 그리스도인들이 우리의 울타리를 넘어 세상에 관심을 가지고 그곳을 변화시키는 일에 탁월해지기를 바란다. 그래서 갈렙이 '이 산지를 내게 주소서'라고 외쳤던 것처럼 살아 있는 영성을 지닌 그리스도인이 늘어나서 우리 일터 속에 그리스도의 나라가 임하기를 소망한다.